再现大运河

《大运河文化辞典》的编纂

段柄仁　编著

北京联合出版公司
Beijing United Publishing Co.,Ltd.

序

千里运河，浩浩汤汤；千古文脉，源远流长——

中国大运河历经2500多年，全长3200千米，纵贯北京、天津、河北、山东、河南、安徽、江苏、浙江八个省市，通达海河、黄河、淮河、长江、钱塘江五大水系，融汇京津、燕赵、齐鲁、中原、淮扬、吴越等地域文化，是世界上开凿时间最早、长度最长、规模最大的运河，是人类文明发展史上的伟大创举，是中华民族代表性的文化标识。

2014年6月，中国大运河被联合国教科文组织批准列入《世界文化遗产名录》。2017年2月，习近平总书记在视察北京城市副中心建设时指出："要古为今用，深入挖掘以大运河为核心的历史文化资源。保护大运河是运河沿线所有地区的共同责任，北京要积极发挥示范作用。"同年6月，习近平总书记对建设大运河文化带作出重要批示："大运河是祖先留给我们的宝贵遗产，是流动的文化，要统筹保护好、传承好、利用好。"

为贯彻落实习近平总书记重要指示批示精神，北京市委市政府高度重视，北京市社会科学界联合会、北京市哲学社会科学规划办公室以传承大运河历史文化为己任，策划了编纂出版《大运河文化辞典》项目，旨在深入挖掘和系统梳理大运河历史文化资源，打造一部载录大运河历史文化遗产及相关研究成果的集成之作，填补此类学术空白。

为确保按时保质完成这项重大工程，北京市社科联、北京市社科规划办决定邀请具有丰富辞书编纂经验的原北京市地方志和年鉴主编、《北京百科全书》主编、《京华通览》系列丛书主编段柄仁先生担任辞典的总主编兼《北京卷》主编，耄耋之年的段老欣然应允，心无旁骛地潜心研究大运河历史文献。段老以渊博的文史知识积累和对大运河历史文化的深刻理解，站在传承中华文明的高度，对《大运河文化辞典》编纂工作进行了全面的业务领导，主持了包括工作机制、编纂思想、主题要旨、读者对象、总体规模、框架结构、体例凡例、条目撰写原则等顶层设计。

全书以大运河承载的文化、流淌伴生的文化、历史凝练的文化为主题，设计总体规模为8卷本约400万字，以大运河流经的八省市分别设卷，每卷约50万字、图片近100幅，涵盖水道水系、水工设施、运河管理、运河地名、运河经济、运河文化、运河文物、运河人物和历史事件等内容，另附全卷专文、分卷专文、大事年表等文章文献，总括大运河历史文化的脉络和迁变。编纂过程中，段老以赓续和弘扬中华优秀传统文化、载录和传承大运河文化遗产和精神特质为己任，不仅在大局上把关定向，还在细节上尽力费心，给编纂者授课培训，对辞典条目的选定和撰写、专文的写作、图表的配置、大事年表的编制等提出了具体的意见，予以了专业指导，且对全部8卷的辞目总表提出了修改意见，对《大运河文化辞典·北京卷》进行了详尽的审读，提出了补充、删改和完善的意见，对编纂工作中大量的简报、报告进行了批示、批注。

在段老和大家共同努力下，经过几年不懈奋斗，在中国大运河申遗成功10周年之际，欣喜地看到《大运河文化辞典》终于得以付梓面世，用文字和图照再现了大运河雄浑伟岸、深厚悠远的历史文化风貌，同时也展示了保护传承利用大运河的崭新成就。

在辞典编纂过程中，段老秉持高度的责任心和使命感，恪守严谨务实的学风，注重工作过程的记录、工作经验的积累、工作理念的升华，形成了系统的工作档案，结成文存《再现大运河：〈大运河文化辞典〉的编纂》，不仅从一个侧面反映了《大运河文化辞典》的编纂过程，也给广大辞书编纂者提供了珍贵的教材。

衷心感谢段柄仁先生对《大运河文化辞典》编纂工作做出贡献的同时，又为辞典编纂事业增添了宝贵经验。

是为序。

牛青山

前言

这是一部八卷本《大运河文化辞典》编纂的副产品。我在接受《大运河文化辞典》总主编和《大运河文化辞典·北京卷》主编的任务后，放下手中的其他写作事务，全身心投入其中，读书学习，查阅资料，与同事们讨论，向专家们请教。针对编纂中的一些疑难问题进行探索研究，边工作边总结经验并汲取专业领域的创见新知，反过来用于指导辞典的编纂，还以实践结果修正充实已有认知，写了一些导引性的专文，并在交换信息的报告、简报上做了一些探讨性和结论性的批语。经过四年多的工作，在八卷本辞典成书之外，也在理论探索和编著方法上形成了一些有关辞典编纂，特别是如《大运河文化辞典》这样专业性辞典编纂的较为系统的见解。这些成果不仅是个人的心血，也是《大运河文化辞典》编纂者们集体智慧的结晶。同事们建议，应把文稿和批语加以搜集和整理，形成一部专著，不仅是对辞典编纂参与者付出心血的肯定，也为后人留下编写辞书时可资借鉴的资料。据此意见，我把有关文稿进行了整理，对一些总体性、专业性和编纂阶段性的总结导引文稿，除选用原文外，还把相应的成果性资料或文稿作为附录，呼应前文，使读者对文稿有一个更具体实在的认识。关于报告和简报上的批语，以能否对前面文稿做更明确的补充，又避免和前文有过多重复为原则，选择一批，加以分类整理。为使读者更易理解，对一些批语原稿进行了补充调整。有的同志希望此书能做到“既要有理论的系统性，又要有拿来就可借鉴的实用性”，这也是我编写此书的目标，是否达到了，只能由读者去评议。

目录

关于《大运河文化辞典》编纂顶层设计的意见

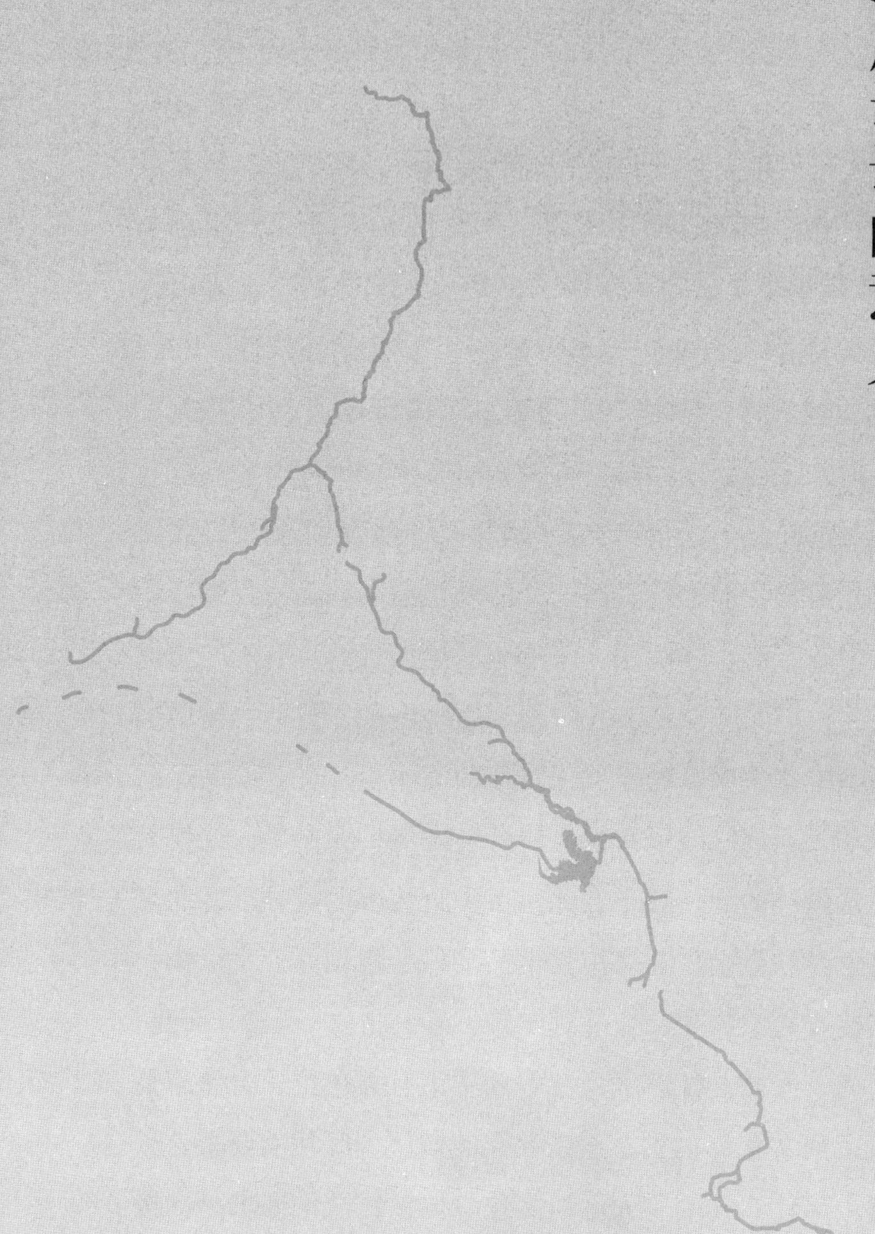

中国大运河是人类文明发展史上罕见的距离最长、规模最大的运河，贯穿南北，联通古今，全长3200千米，开凿至今已有2500多年历史，蕴含着中华民族悠远绵长的文化基因，是中华民族优秀传统文化丰富发展的重要动能和载体，2014年6月成功列入《世界遗产名录》。2019年2月，中共中央办公厅、国务院办公厅印发了《大运河文化保护传承利用规划纲要》。习近平总书记指出，要保护好、传承好、利用好大运河这一祖先留给我们的宝贵遗产；深入挖掘以大运河为核心的历史文化资源，展示、阐述、传承和弘扬大运河承载的中华优秀传统文化，以其深厚的文化价值和精神内涵，打造宣传中国形象、展示中华文明、彰显文化自信的亮丽名片，普及大运河知识，推动大运河沿线区域的经济社会发展，为中华民族伟大复兴作出奉献。为此，在中共北京市委宣传部的领导下，北京市社会科学界联合会、北京市哲学社会科学规划办公室牵头，联合中国传媒大学文化产业管理学院，组织北京、天津、河北、山东、河南、安徽、江苏、浙江等8省市有关单位，合作编纂一部《大运河文化辞典》，正是社会的期望、时代的要求。

编纂一部什么样的《大运河文化辞典》？总的要求是，按照辞典的编纂体例，全方位、多角度反映大运河的历史和现状，尽可能展现大运河的优秀文化传统，特别是其深厚的文化价值和精神内涵。编纂好一部辞书，实现总体要求，首先应做好顶层设计，这是辞典编纂的决定性工作，也是对辞典领导体制、读者对象、全书主题、编写体例、总体规模和框架设计以及条目选定原则的定盘决策。

一、关于领导体制

在北京市委宣传部领导下，项目由北京市社会科学界联合会、北京市哲学社会科学规划办公室牵头，联合各省市有关单位主办，北京联合出版公司和中国传媒大学文化产业管理学院承办。八省市有关专家和中国传媒大学编纂负责人组成统一的编委会，进行重大方针原则的决策；聘请主编和若干副主编，负责具体编纂工作，落实编委会的决策事项；聘请若干专家顾问，做编纂业务指导，提供所需知识，把质量关。

二、关于读者对象

确定读者对象，即为谁编纂？我们设定是具有一定文化水平的大众读者。他们不同于专家学者和专业人群，是对运河知识接触较少、最需要也最应当了解运河文化的群体。这就决定辞典反映的不是关于大运河的学术性、探索性、争议性的知识，而是已有社会共识、历史定论的基础性知识。表述方式也不是论述、推理、求证，而是写实、展示、叙述。文字和图片要尽可能美一点、巧一点、文一点，但不追求形式美、艺术美，而是应准确、简要、通俗、易懂，尽可能使用大众化语言，避免过多引用古籍经典和使用专业词语或生僻词语。为方便读者阅读，应设置检索系统、参见系统和内容分析索引。

三、关于全书主题

这部辞典的主题，就是大运河文化，包含大运河遗存承载的文化、大运河流淌伴生的文化、大运河历史凝练的文化。确立主题，实际上就是明确辞典的核心内容，划分内容的主次排序及其边界，为选定条目指明方向，确立原则，避免选定条目时重点移位，甚至主次颠倒。《大运河文化辞典》的核心内容应是大运河水道、水柜、水系、水工、水运、水管及其历史变迁。其中“水道”是纲，各类运河文化都是由它而生，随它而来，把水道及其历史变迁弄清楚，就可提纲挈领地展示各类运河文化。在这个问题上比较容易混同的是以地域主题代替运河主题，即把运河文化带规划范围的行政区划当作运河文化区划，进而把运河文化带这个地域区划当作辞典的主题，造成主题的偏离。中共中央办公厅、国务院办公厅印发的《大运河文化保护传承利用规划纲要》中，明确指出：“大运河文化带以大运河流经的北京、天津、河北、山东、河南、安徽、江苏、浙江等 8 省（市）为规划范围”。也就是从国家的角度划分，运河文化带就分布在这 8 省市。国家文物局编的《中国大运河申报世界遗产文本》中，具体到了地级市，即北京、天津 2 市，加上其他 6 省的 25 个地级市。北京市在落实中央规划纲要的区划中，把昌平、海淀、西城、东城、朝阳、通州、顺义 7 个区作为运河文化带规划范围。目前，各省市的运河文化带规划范围正在制订之中。应指出的是即便8省市划定了文化带区域，也不应把“带”这个地域替代“河”作为主题。因为在“带”这个地域内，有些史迹和风物，与大运河文化并无关联。有的文化价值很高，如果以地域为主题，就应作为重点条目，而以运河为主题，因它与运河无关联，原则上就不应收录。实际上，“带”的地域划分，虽然有利于辞典的编纂，使其有了一个明确的区域范围，但它并非辞典编纂的必需条件。有没有划定“带”，或“带”的范围是大是小，都不影响《大运河文化辞典》的编纂。相反，如果以地域为主题，在这个地域内发生的重大事件，包括与运河文化无关的历史事件，就不能不收录，这不仅有偏离核心目标的危险，也给编纂增加了许多难以处理的问题。

四、关于编写体例

《大运河文化辞典》的体例是专题性的条目体。辞典是对某类知识作简明扼要、经典性解释的一种文体。主要特点：一是内容是社会共识，不同于专著、议论文的论辩性、探索性；二是采用条目体，对某种知识作简明解释。不同于史志、年鉴等记叙体，对事物进行全面记述的体例。史志、年鉴是横排门类、纵述史实、述而不论，并以述、记、志、传、图、表、录、索引等多种体裁组合的体例。也不同于同为条目体、但是大中小条目结合、以大条目为重心的百科全书，而是以条目字数相近、内容点到为止的小条目组成辞书。在辞典中，也不同于综合性辞典，比如地域性辞典需要反映自然、经济、政治、文化、社会等诸多方面的内容，每一方面都不可或缺，专题性辞典则只反映一项专门知识。此外，辞典的条目有规范性写法，大体可分为条头词、定性语、释文三个部分。条头词是知识的引擎，应尽可能名词化，定性语是对条头词作简明扼要的定性评点，释文是对条头词的解读。

五、关于总体规模和框架设计

按照中国大运河罕见的长度、规模、历史变迁和丰富文化含量，参考国家文物局编写的《中国大运河申报世界遗产文本》和专家学者的研究成果，以及大体可满足大众读者对大运河基础知识的需求的原则，我们设计这部辞典的总规模为 8 卷本约 400 万字，800 幅图照；每省市编 1 卷，每卷约 50 万字、100 幅图照、1000 个条目，每条 500 字左右；条目索引比为 1:2，即全书可包含 16000 个可检索的知识主题。由于大运河流经各省市的长度、规模、历史变化和文化含量不同，各分卷规模可适当增减。时空设定方面，时间可按省市内第一条与大运河有关联的人工河开通到 2021 年，空间由各省市按与大运河有无关联划定。

辞典的框架，由卷首图照、前言、凡例、目录、专文、正文（包括随文图）、大事年表、条目汉字笔画索引、条目内容分析索引、后记等组成。“图照”应有全景图、分段图，古代与当代图都应有所选用。节点条目还应有随文图，达到图文并茂相互映照的效果。“专文”包括 8 卷统一编写的总述专文和各省市分卷的分述专文，是从总体上介绍大运河知识或省市段全局性知识，承担条目释文不能承担的功能。它应是介绍性、叙述性文体，不应写成探索性、论证性篇章；应尽可能汲取对大运河的最新研究成果，而不追求自身内容的创新，实际上是一篇内容丰富、篇幅较长的综合概述性条目。“大事年表”是以列表形式顺时序排列大运河自身以及与大运河紧密关联的大事的文稿，起纵观全局、照应条目、易查易记的作用。

六、关于条目选定

条目是辞典的主体。条目选定是否科学、合理、全面、平衡并突出主题，是这部辞典质量高低的决定性因素。关于条目选定的标准，主要有以下四点。一是要紧紧围绕运河主题，与运河主题无关的一律不取。在条目设置上把较多篇目给予与运河有直接关联的内容，可称为核心条目。其中核心的核心是关于水道水系的条目，这是运河文化的引领性内容，即基础性条目，其他内容都是因它而生，围绕它而长的。对于间接关联的内容要酌情选条，作为核心内容的补充，可称为非核心条目。尽量避免主次不分，甚至主次颠倒。二是把握“全面展示运河文化”的内涵，但“是选不是全”，只追求各种文化类型的全面，不追求每一类都面面俱到，应在有限篇幅内进行比较，分层次进行选择。在资料搜集上应是“韩信将兵，多多益善”，但在条目选定上，则是把重点、特点、亮点摆在重要位置。在比较中，精减或舍弃文化价值不高或和运河主题关联度不强的内容。特别要注意，不可随意增加编写者熟悉但离题太远和意义不大的内容。三是对大运河文化进行科学分类。大运河文化丰富多彩，要选择对读者最有价值的内容作条目，需要在选定条目前进行分类，按每一类在运河文化中的占位和内容的分量，分配大体条目数，加以选定。按照《大运河文化保护传承利用规划纲要》提出的大运河文化内涵和外延的界定，参照《中国大运河申报世界遗产文本》对大运河文化的分类原则，《大运河文化辞典·北京卷》分了9个部分，即水道水系、水工设施、运河与运营管理、运河地名、运河经济、运河文化、运河文物、运河人物与历史事件、综合。这个分类是为了方便组织编写，成书时的条目不以此排序。四是条目总表应充分征求有关专家的意见，避免出现重大错漏。选定的条目，也不是一锤定音，只能是初定，在编纂过程中还可不断调整、补充。

以上6个方面，都是编纂《大运河文化辞典》不可或缺的重要环节。此外，还有几个问题需要研究和明确。

关于运河文化的内涵。这是我们编纂这部辞典应首先明确的问题，它决定着辞典编纂的性质、主题和范畴。在《大运河文化保护传承利用规划纲要》中关于运河文化内涵概括了三个方面——遗存承载的文化、流淌伴生的文化、历史凝练的文化，并作了具体说明。这个概括和说明是比较准确和全面的，应作为辞典编纂的依据。具体讲，遗存承载的文化是以“物”为基础的运河文物遗存和其他关联遗存所承载的文化，是千年历史的真实印记；流淌伴生的文化是指以“人”为基础的、与大运河相关的非物质文化遗产，也是至今仍然影响沿线居民日常生活的文化力量；历史凝练的文化是以“精神”为基础的大运河数千年形成的文化思想精髓和价值观念，是一种精神特质和价值判断体系。把这些内容分门别类地转化为条目，就是编纂《大运河文化辞典》的主要任务。但这三个方面是否都能以条目表述，是应探讨的问题。以“物”为基础的遗存容易转化为条目，以“人”为基础的非物质文化遗产，也可以条目表述，但以“精神”为基础的伦理道德、理想信念、价值观念等，则难以变成条目，只能在专文中阐述，在条目中体现。

关于辞典的时代特点。讲时代特点应区别辞典的时代特点和大运河的时代特点。大运河历史久远，不断变迁，不同时代开凿的目的不同、流经的地域不同、承载的任务不同、发挥的作用不同，具有那个时代特定的历史需求，也必然反映特定的时代风貌。在编纂辞典时应给予充分重视，不仅记述历史变迁，还应点出变迁的历史动因，使读者从中领悟不同的时代特点，加深对运河文化的理解，促进对运河文化的传承。辞典的时代特点，是指在当代编纂的辞典就应有当代的精神、当代的烙印，也就是要把这部辞典编纂纳入中华民族伟大复兴的事业中，展现出中华文明正向现代化迈进的精神风貌和中国特色社会主义制度正在改革开放的探索中逐步发展完善的时代烙印。在具体的编纂中，就是要联通古今，展示和弘扬中华优秀传统文化，使大运河文化得到保护、传承和利用，从而焕发青春，古为今用。这方面应注意避免两种倾向：一是重古轻今，忽视当代对大运河文化的保护、传承和利用的业绩；二是把记载当今业绩作为重点，甚至过分夸大和渲染。还应注意：一些省市以上的规划设想并形成法定正式文件，可以列条；一些没有正式文件作依据的规划设想，因具有不确定性，不仅不可列条，也不应写在条目释文中。

关于运河文化的地域特色。首先应分清楚运河流经地域的文化特色和运河文化的地域特色两个不同概念。前者是运河流经的地域文化，包括运河有关联的文化，也包括无关联的文化。不可把运河流经的地域文化，都称为运河文化。比如北京市昌平区还有长城文化，北京的都城文化更不是运河文化可包含的。而运河文化是因运河开凿和运行产生的生活模式和思维观念，特点是和流经的地域文化不断融合，形成了独特的文化形态。其地域特色，则指运河流经某地段而形成的有别于其他地段的特色。比如我们现在指的大运河是由京杭大运河、隋唐大运河、浙东运河现有和历史上最近使用的主河道构成。由于运河开凿的时期不同，地域特征不同，与地域原有文化的融合度不同，形成了三个地带运河文化的明显区别。在遗存承载的文化方面，其文物遗存、水工遗存、运河附属遗存等及漕运文化、水利文化、船舶文化等，不同区域各有特色。流淌伴生的文化，诸如手工技艺、戏曲文艺、礼仪规制、生活习俗等，江南和江北就有很大差异。我们的辞典应把运河文化的地域特色展示出来。这方面应在分卷的专文中有所显示，在条目的选定和释文中给予重视。需注意的问题是，要紧紧围绕大运河做文章，一些区域性重要文化遗存是否列条，应认真研究其与大运河的关系后再定。

关于 8 个分卷的衔接。我们把《大运河文化辞典》按运河流经的 8 个省市，分成 8 个部分，即 8 卷。这就需要做好跨地区、跨部门协调有效衔接工作，解决各卷的编纂者对同一问题不同认识的矛盾和内容重复、遗漏问题。不同认识可通过讨论尽可能取得共识，认识难以统一时，可由专家组和主编裁定。重复问题主要是对跨越两地的水道、水系和管理体系，以及文献、著述等出版物和其他类似情况的记载。水道、水系，同一名称可分别记载，但内容应重点记述本地域的情况，而把全域作为背景。管理体系，凡属中央层面的由当时首都所在省市的分卷记述，比如，除明代初期外，元、明、清时期由《北京卷》记述，其他分卷重点记述本地域的情况。出版物条目按内容可分两类：一类是全局性的可按出版地归属，比如《漕运全书》《中国运河文化史》《中国运河史》等；一类是地域性的可放在所在地列条，比如《北京水史》等。

关于辞典审定的标准和程序。把大运河文化编成辞典，前人没有干过，是一项具有创新性、探索性的工作，肯定会出现不同意见的纷争，但也正因为有不间断的讨论争议，才能形成较为可行的意见，不断推进辞典的编纂。但究竟编成一部什么样的辞典？应有一个目标、一个统一认识。除总体设计外，还应有质量标准和审定程序。质量标准的原则应当是：内容合法合规、完整准确，形式合乎辞典规范。合法合规包括国家对出版物颁布的法律、规定和辞典的涉法、涉规内容。完整准确主要体现在是否按框架设计编纂，重点是条目的选定和撰写没有重大缺失、不真不实和主次颠倒等问题。形式要严格按照辞典规范编写，可汲取志书和百科全书等适用于辞典、可提高质量的优长写法。在表现形式上，应大胆创新，但不可脱离辞典体例的基本形态；应在合法合规、完整准确的前提下，追求通俗化，增强吸引力。在审定程序上，建议实行两级审查机制，初审由各分卷编委会组织完成，终审由总编委会和北京联合出版公司负责。在内容审定上，应充分发挥专家组的作用，亦可由专家分工对口审定。

关于统分结合的制度性建设。《大运河文化辞典》是一部内容连贯、体例统一、由 8 个省市有关专家和编纂人员群策群力编纂的大型著述。如何保证内容的完整、连贯、平衡和体例的规范、统一，是在组织领导上应解决的问题。方法应是先在北京市试编《北京卷》，拿出一个供讨论用的样本和初步总结的经验，给其他 7 卷编纂作参考。应建立 8 个分卷之间的交流互助携手并进机制，或叫统分紧密结合的机制。建议：1. 尽快建立总编委会，统筹领导各分卷编委会，解决涉及全书的方针性问题；2. 建立各分卷编委会负责人定期碰头制度，以解决编纂中出现的共性问题，特别是各分卷的衔接等需要协调的问题；3. 建立信息交流制度，可在北京联合出版公司设立简报制度，每分卷指定一两位联系人或信息员，负责通报各卷的编写经验、遇到的问题和进展程度。

（2019 年 10 月）

《大运河文化辞典 · 北京卷》设计书

本设计书是辞典编写的总体规划，对编写的指导思想、方针原则、内容主题、篇幅规模、分类原则等作了大体规定。其中的内容分类、模块设计参数在具体编纂过程中可进行调整。

目录

《大运河文化辞典·北京卷》是由我国大运河流经的八个省市有关单位和专家学者合作编纂的《大运河文化辞典》的组成部分。

北京地处大运河北端，自隋唐以来大运河对北京的政治、经济、文化、社会等各个方面的发展都发挥了不可替代的促进作用，留下了众多的物质和非物质文化遗产。北京已有多个部门和许多专家参与了运河文化的调研、传承和保护工作，并取得了丰富的研究成果。《大运河文化辞典·北京卷》的编纂是在这些研究成果的基础之上进行的，它是北京的一项基础性文化建设工程，是多层次、全方位挖掘和展示大运河文化价值和精神内涵的创新性工作，编纂成书必将对大运河文化的知识传播和保护、传承、利用起到促进作用。

一、《大运河文化辞典·北京卷》编纂思想

《大运河文化辞典·北京卷》是一部北京地域范围内的运河主题辞典。以辞典的方式，全面、准确地提供大运河北京段历史和现状的基础性知识，特别要科学梳理和清晰展示大运河在北京形成全国政治、文化、国际交往和科技创新中心的历史演变中所发挥的作用，以满足读者对大运河文化即大运河历史

和现状、价值和影响以及大运河遗产的保护、传承和利用等知识的需求。

（一）编纂背景

2014 年，中国大运河申报世界遗产获得成功，引起国内外的高度关注，许多人希望获得有关大运河的知识。中国文化学术界也掀起了大运河文化的研究和大运河知识的传播热潮。2017 年 2 月，习近平总书记在视察北京城市副中心通州区的建设时指出："要古为今用，深入挖掘以大运河为核心的历史文化资源。保护大运河是运河沿线所有地区的共同责任，北京要积极发挥示范作用。"同年 7 月，中共北京市委书记蔡奇考察大运河时强调，要带头贯彻习总书记重要指示精神，要做好"保护好、传承好、利用好"这三篇文章，深入挖掘大运河文化带的丰富内涵，通过推进大运河文化带保护利用，进一步擦亮世界认可的国家文化符号，为京津冀协同发展搭建深度交融的桥梁，为首都发展注入独具魅力的文化内涵，真正使大运河文化带成为北京建设全国文化中心的示范工程，成为满足人民群众日益增长的多样化精神文化需求的民心工程，成为建设国际一流的和谐宜居之都的标志工程。2019 年，中共中央办公厅、国务院办公厅印发了《大运河文化保护传承利用规划纲要》，提出从"强化文化遗产保护传承、推进河道水系治理管护、加强生态环境保护修复、推动文化和旅游融合发展、促进城乡区域统筹协调、创新保护传承利用机制"6 个方面开展工作。

为贯彻习近平总书记对大运河文化带建设的讲话精神，落实《大运河文化保护传承利用规划纲要》提出的任务，中共北京市委决定，由北京市社会科学界联合会、北京市哲学社会科学规划办公室牵头，和有关省市合作，开展《大运河文化辞典》的编纂工作。初步设计按照运河流经省市分为8卷，《北京卷》是其中之一。这个项目，已列入北京市《大运河文化带保护传承利用重点项目清单》，亦为北京市“加强全国文化中心建设重点任务”之一。

（二）编纂方针

总体要求：按照辞典编纂体例，全方位、多角度反映大运河北京段的历史和现状，挖掘、整理和传播大运河优秀传统文化，促进文化遗产保护传承、推进河道水系治理管护、加强生态环境保护修复、推动文化和旅游融合发展，为新时期先进文化建设，实现中华民族伟大复兴的宏伟目标，做出应有的贡献。

读者对象：设定为具有一定文化水平、想要了解运河文化的大众读者。力求全面反映大众迫切需求的有关大运河的基础性知识。文字和图片准确、简要、通俗易懂。

编纂原则：求真、求实、求精，内容是“选”不是“全”，突出大运河北京段文化的特点和亮点。对重大的学术争议问题不作判断，可并列不同认知。

（三）资料来源

以古今志书等典籍和大运河申遗资料为基础，充分吸收学术文化界已出版的有关大运河专著和系列图书中的研究成果；

博物馆、图书馆、文史馆以及民间收藏中与运河相关的资料；权威新闻媒体、网站有关大运河报道中经过核实的资料；编纂人员实地考察的资料等。

二、《大运河文化辞典·北京卷》总体设计

（一）全书主题

《大运河文化辞典·北京卷》的主题是“北京大运河文化”，包含大运河遗存承载的文化、大运河流淌伴生的文化、大运河历史凝练的文化。

（二）总体规模

《大运河文化辞典·北京卷》收录内容的时空设定：时间上，从北京地区与大运河有关联的第一条人工河开通到2021年底（特殊情况延伸至2022年）；空间上，北京大运河流经的多区以及与大运河有关联的地域范围。总字数50万字左右，约1000个条目，平均每条500字；条目索引比1:2（即共包含2000个可检索的知识主题）。图照约100幅。

（三）框架设计

辞典内容结构安排是：卷首图照、前言、凡例、目录、专文、正文（包括随文图）、大事年表、条目汉字笔画索引、条目内容分析索引、后记。

其中，卷首图照能开篇给读者以直观明晰性的印象和对大运河文化的感知，随文图照可使辞典文图互补，达到辅助阅读

和活跃版面的目的。专文包括总述和分卷专文，分别从总体上介绍中国大运河文化和大运河北京段的全局性知识，承担条目释文不能承担的功能。条目是辞典的主体，正文全部按条头词的汉语拼音字母顺序编排。大事年表可强化读者对大运河知识认知的全局性和检索性。

（四）内容分类

按照《大运河文化保护传承利用规划纲要》提出的大运河文化内涵和外延的界定，参照《中国大运河申报世界遗产文本》对大运河文化的分类原则，辞典内容可大体分为9个部分：1. 水道水系；2. 水工设施；3. 运河与运营管理；4. 与大运河有关的地名；5. 大运河承载或随大运河而兴的经济；6. 有关大运河的文化艺术、设施、活动等；7. 与大运河有关的文物；8. 大运河开掘、管理、保护、文化传承的名人和重大历史事件；9. 学术研究机构及综合性内容等。各部分所含模块见下图：

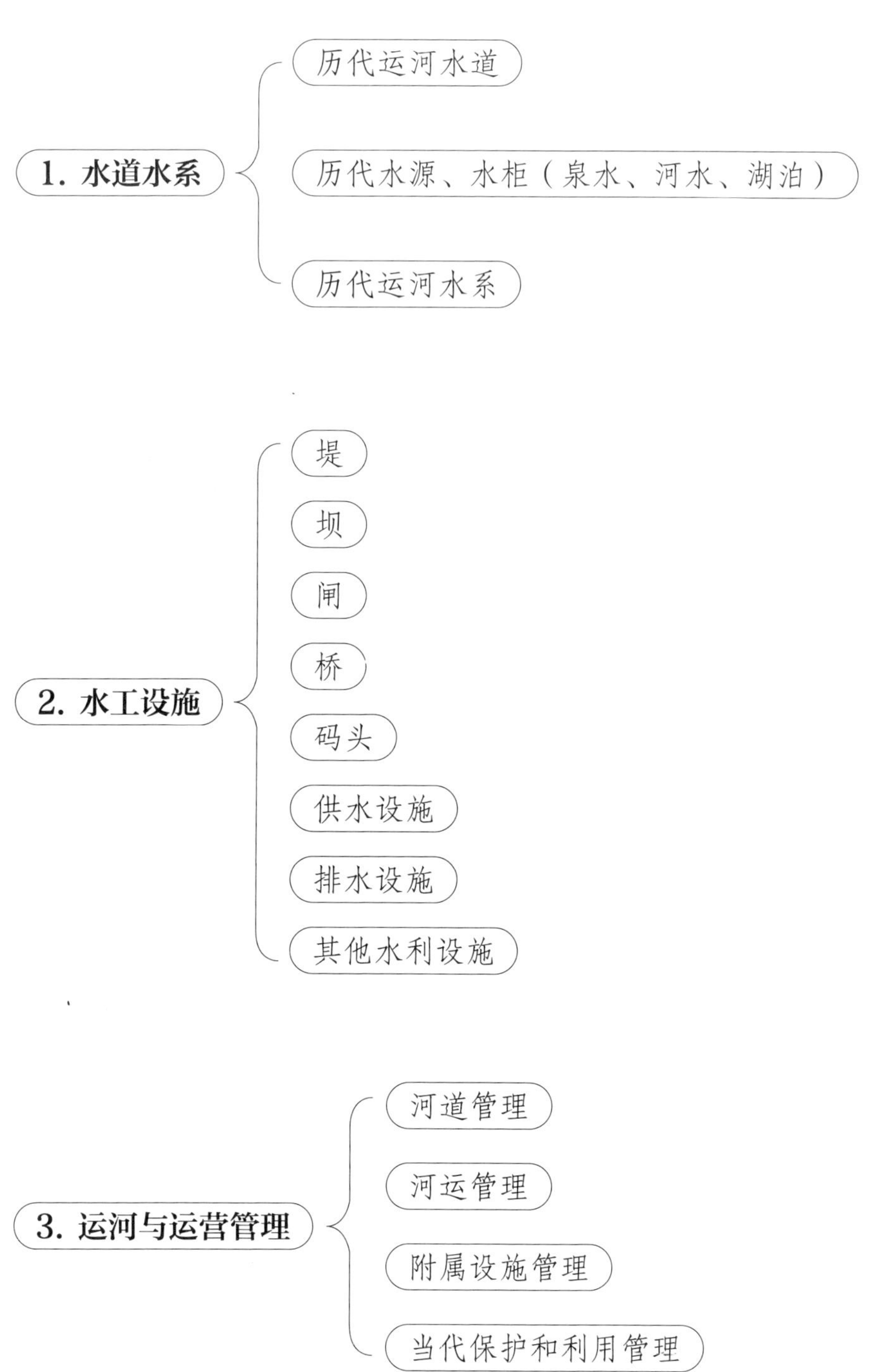
1. 水道水系
历代运河水道
历代水源、水柜（泉水、河水、湖泊）
历代运河水系
2. 水工设施
堤
坝
闸
桥
码头
供水设施
排水设施
其他水利设施
3. 运河与运营管理
河道管理
河运管理
附属设施管理
当代保护和利用管理

4. 运河地名
街道、胡同
乡镇、村落
与大运河关联地域

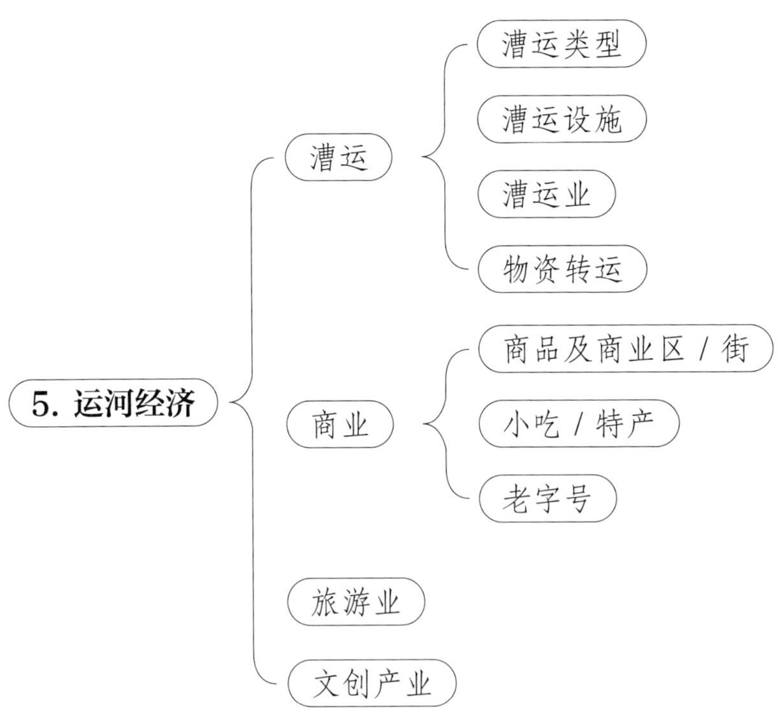
5. 运河经济
漕运
漕运类型
漕运设施
漕运业
物资转运
商业
商品及商业区 / 街
小吃 / 特产
老字号
旅游业
文创产业

6. 运河文化
文化艺术
戏曲
工美
民俗
胜景
文化设施
博物馆
纪念馆
文化馆
艺术馆
文艺作品
影视剧
舞台剧
美术
文学作品
刊物
文化活动

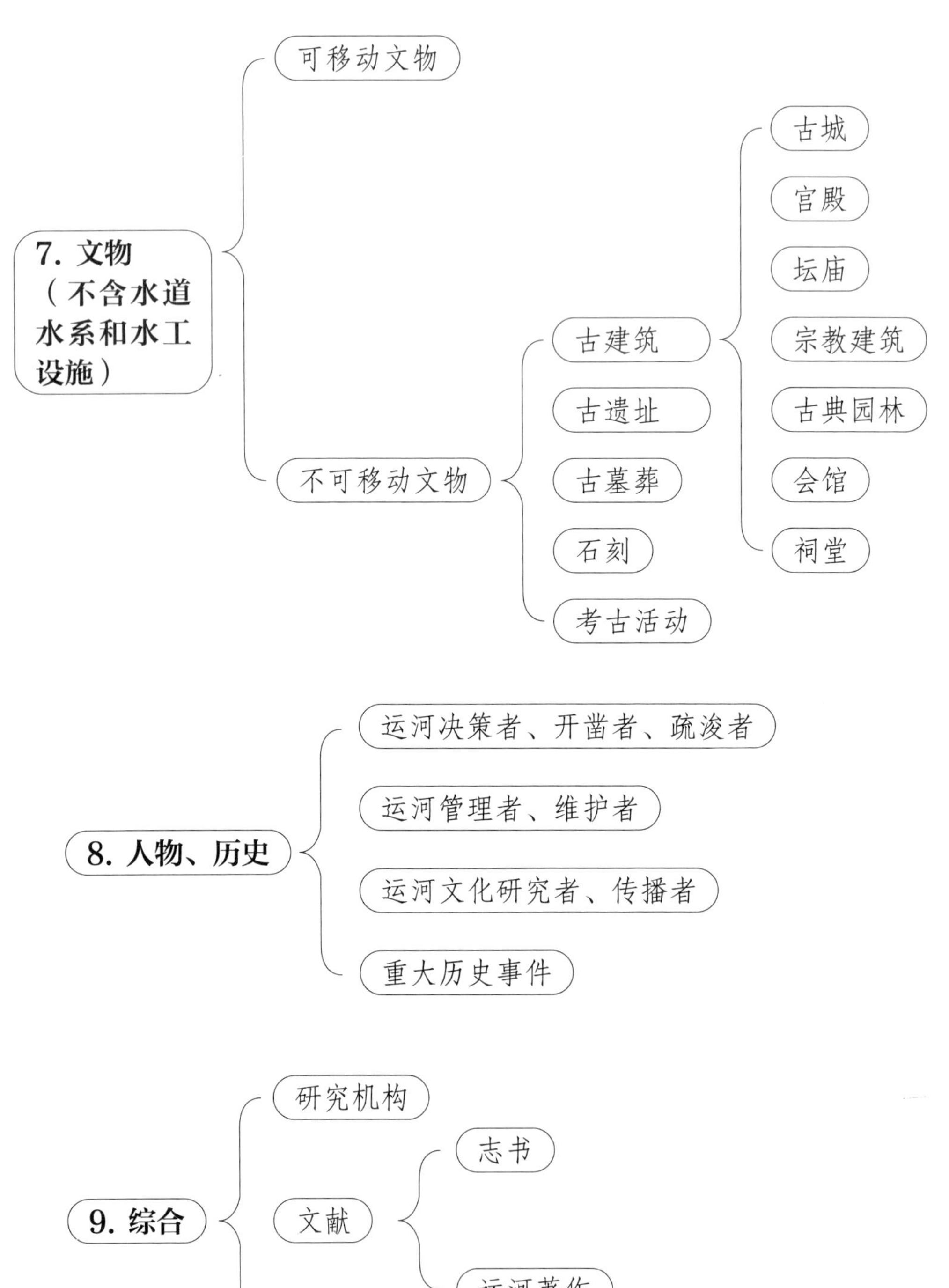
7. 文物
（不含水道水系和水工设施）
可移动文物
不可移动文物
古建筑
古遗址
古墓葬
石刻
考古活动
古城
宫殿
坛庙
宗教建筑
古典园林
会馆
祠堂
8. 人物、历史
运河决策者、开凿者、疏浚者
运河管理者、维护者
运河文化研究者、传播者
重大历史事件
9. 综合
研究机构
文献
志书
运河著作
规划文件

三、《大运河文化辞典·北京卷》编纂要点

（一）把握好辞典体例

辞典是对某类知识作简明扼要、经典性解释的一种文体。主要特点：一是内容是社会共识，不同于专著、论文等文体的论辩性、探索性；二是采用条目体，对某种知识作简明解释，不同于志书等记叙体对事物作全面记述；三是条目字数大体相近，有大主题无大条目，不同于百科全书具有相差较大的大、中、小条目；四是条目具有规范性写法，由条头词、定性语、释文三个部分组成。条头词是知识的引擎，应尽可能名词化。定性语是对条头词作简明扼要的定性评点。释文是对条头词的解释。

（二）把读者阅读需求作为导向

辞典的读者对象定位为有一定文化水平、想要了解大运河文化的大众读者，他们需要的是基础性、大众化知识，而非较深的专业知识。条目释文对专业知识一般点到为止，避免大段引用古籍经典，不作专业性、探索性叙述。比如，在介绍河闸类条目时，着眼于介绍修建历史、遗迹，以及延伸出的地名文化等内容，除重大技术创新外，一般不介绍河闸的具体结构、工作原理等专业内容，尽可能不用多数读者不熟悉的专业术语。

设置方便读者阅读的检索系统。条头词应便于检索（尽可能使条头词名词化，并具有一定的词频率）。释文设计参见系统（释文中涉及其他专条的内容，提示读者可进一步查阅）；释文中对有解释的小知识主题设内容分析索引（如“西海子公园”

条目释文中介绍的“西海子”“塔榆”等小知识主题，成书时作为内容分析索引，便于读者查阅）等。

（三）聚焦运河文化主题

辞典的主题是大运河文化，条目选定和释文撰写应遵循不离题、不求全、不越位的三“不”原则：

不离题，指条目设置和释文撰写必须紧紧围绕运河主题，与运河主题无关的一律不取，在条目设置上把主要篇目放在与运河有直接关联的内容上，可称为核心条目。对于间接关联的内容酌情选条，作为主题内容的补充，可称为非核心条目。在释文撰写上，主要展示与运河直接关联的内容，间接关联的酌情少量选用。如“郭守敬”条目释文重点放在他在运河开凿方面的事迹，在天文等其他方面的成就不展开介绍。

不求全，指的是条目选定和释文撰写应遵循设计规定，选择对大众读者最有价值的展示运河文化的资料，而不随意增加编写者熟悉但对读者意义不大的条目和内容。如河流类条目，重点介绍河流的起止点、流域、历史变迁、河道治理、沿岸绿化等内容，而不取超越辞典读者对象认知范围的专业知识（如河水流速、泥沙量等）。条目设置和释文撰写质量的高低，在于是否紧扣主题和资料的价值大小，而不是多寡。

不越位，指的是不超出北京市域内与大运河有关联的时空范围。如“韩玉”条目重点介绍韩玉向朝廷建议开掘中都至通州的漕渠，解决了运河的水源和运河比降大的问题，在简略记述生平外，不记述超出北京市域外且与大运河文化无关的事迹。

（四）古代与现代有机结合

大运河文化是流动的文化，纵贯千年，横跨八省市，在北京城市的发展中扮演了重要角色，见证了城市的沧桑巨变，承载了宝贵的文化记忆。在当代又进行了一系列文物保护、文化传承和建设。编纂中要遵循古为今用的原则，将古老的运河与现代变迁有机结合起来，既彰显古代运河的灿烂文明和历史，又展示当代对运河文化的保护和传承，使古老的运河焕发新的光彩，凸显时代特色。

（五）处理好运河文化和地域文化的关系

运河文化是因运河开凿和运行产生的生活模式和思维观念，其特点是和流经的地域文化不断融会贯通，形成了独特的文化形态，并以此为中心形成一条运河文化带。地域文化带是地域概念，在这个文化带内，除运河文化外，还包含与运河无关联的其他文化形态。《北京卷》的编纂应围绕运河主题，充分展示北京市域运河文化的特点、亮点。

（六）处理好《北京卷》与其他卷，特别是与《天津卷》《河北卷》的衔接问题

大运河是不断变化的流动性河流，编纂《大运河文化辞典》需要做好跨省市的协调工作，解决多卷之间编纂者对同一问题不同认知的矛盾和内容重复、遗漏问题。关于不同认知，可通过协商讨论，尽可能取得共识，认识难以统一时，由专家组和主编裁定。重复问题主要是对两地具有同一水道、水系和管理

体系的记述，应重点写本地域的内容，把全域水道、水系和管理体系作为背景简化记述。

（黄清云同志起草）

关于辞典条目选定的意见

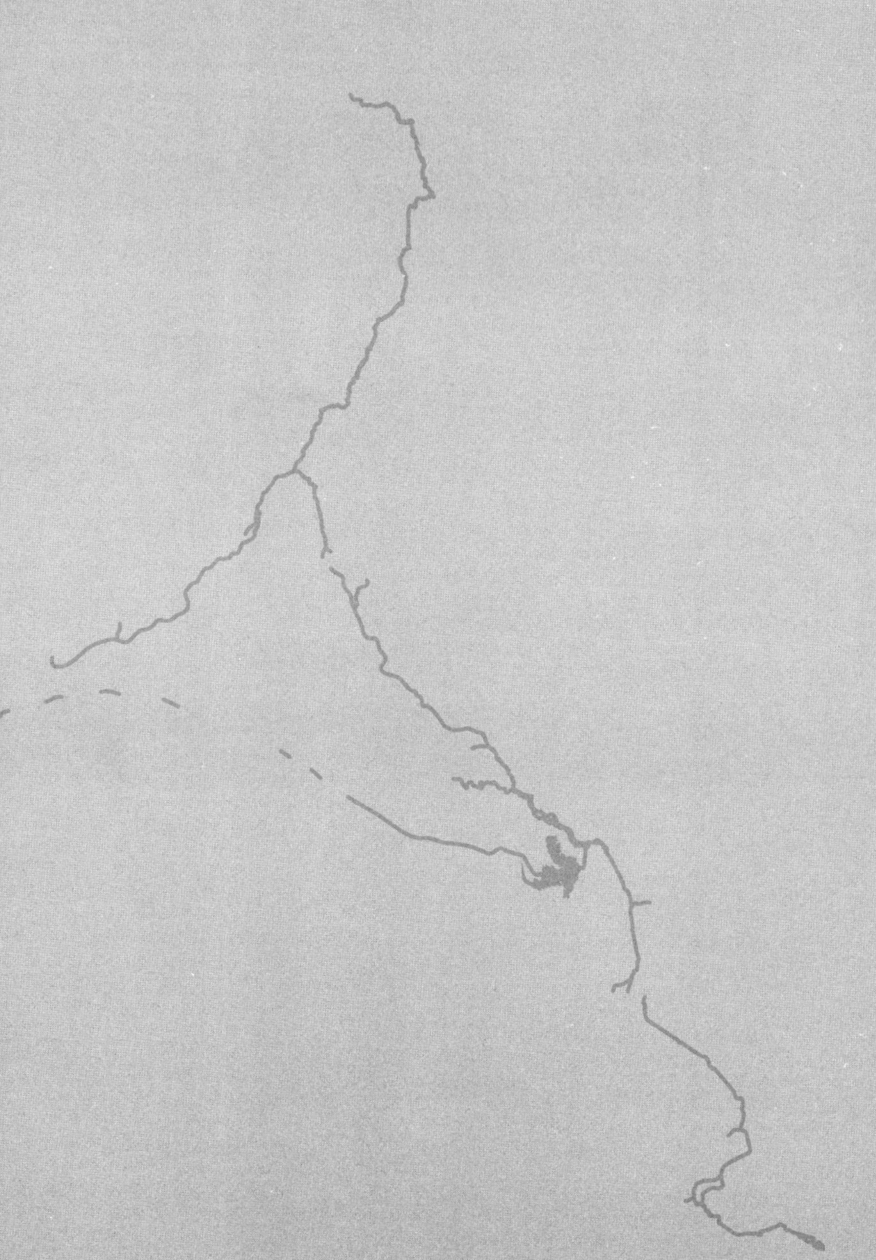

辞典的体例是条目体，即以条目为主，辅之以专文和图表，也可增设大事年表。条目的选定，是辞典编写的基础性定盘任务，是展示辞典内容的深广和质量的关键一环。

条目的选定，首先应有依据和标准。依据是辞典编纂的顶层设计，即辞典编纂的指导思想、主体内容、规模范畴、体例要求等及根据顶层设计而具体化的框架设计。标准是不脱离辞典的主题，在主题覆盖范围内，不缺失重要内容并突出重点、特点。在分清主次的前提下，照顾各方，使不同方面的内容，达到总体的完善和平衡。选定的步骤应是根据框架设计广泛搜集资料并进行大体分类，即反映辞书主题的核心内容资料、与主题有关联的非核心内容资料和其他与主题关联性尚难定夺的资料。然后依据选定要求，即凡可列条的核心内容全部列条，与主题有关联的非核心内容有选择地列条，与主题无关的内容不予列条。具体到《大运河文化辞典》，核心内容应是水道、水系、水柜、水工、水运、水管，应在条目中占主要地位。非核心相关内容主要是因运河而生的经济、文化、人物、地名等，这是主题内容的延伸，是主题内容不可或缺的补充，应从其丰富资料中优先选取比较突出和典型并与主题关系密切的内容列条，要适当控制总量，避免出现在总体上主次颠倒。凡是与主题无关的内容，比如知名现代建筑物、列入各级保护名录但只有地域关联的文物古迹等，一般不列条。

在指导思想上，应十分注意树立全局观念，着眼于大运河全局，即大运河自古及今的历史变革和流经 8 个省市的共性与特性。分析认识历史发展中不同时期和不同地域的局部的运河在整体中的地位和意义，在比较中设置条目的数量，给运河文化的精华足够的、恰当的占位，使之得以充分展示，防止轻重不分甚至轻重倒置。特别要注意管住偏见、顶住干扰。偏见主要是编写者自身因专注于某一方面知识而给予偏爱，过分强调自己熟悉或爱好的部分，力争其多占位，造成条目分配的不公正、不均衡；干扰是来自外部的地方或部门的势力，为本地域或本部门争地盘、争名分，造成合作协调的困难。具体到《大运河文化辞典》，因为是 8 个省市合作编纂，在顶层设计中，设定全书 400 万字，每个省市大体是 50 万字、约 1000 个条目。实际情况是大运河在 8 个省市的历史、规模和影响不尽相同，应注意在辞典分卷的编纂时适当调整规模，尽可能做到条目和字数总量比较科学合理，符合实际。

在指导方针上，应紧扣主题，即紧紧抓住大运河文化这个主题，要防止主题的淡化，甚至移位。淡化就是把主题派生的内容，超越或替代主题内容，在条目选定时，主次颠倒，未能使主题内容占据主体地位，应浓墨重彩展示的内容没有给予较多条目，使主题难以做到突出、鲜明。这是没有分清原生和派生，主要和次要所致。移位就是把原定的主题改换为相关或相近内容的主题，鹊巢鸠占。这是编纂者没有正确理解主题的内涵，没有深入研究主题和相关内容不同之处，没有从全局和编写方向上深入思考所致。具体到《大运河文化辞典》，主题就是“大运河文化”，也就是辞典所展示的文化，不可离开大运河。脱离了大运河这个载体，是属于其他范畴的文化，不可作为选定条目范畴。比如不可把“运河”主题转移为“地域”主题，以“运河文化带”代替“运河文化”，在选定条目时，着眼点不可放在“地域”上，否则必然会把与大运河无关的内容列为条目，相对忽视对与大运河有紧密关系的文化的发掘和展示。诸如，忽视对水道的研究，没有给予足够的篇幅列条；以城市水系替代运河水系；把地域内的文物古迹，无论是否与运河关联，都纳入运河文化之中；把运河文化规划范围的行政区划当作运河带区划，进而把行政区划内的地名统统当作与运河有关联的地名；等等，都应引起注意。

在编纂方法上，应注意分类选择，抓纲带目，顺藤摸瓜。分类选择，就是把资料按不同形态分成各类，其目的是便于在条目选定时，体现主题展示的完整性，不遗漏重要内容；便于在比较中突出主要内容，防止轻重倒置；便于编纂者分工合作，提高条目质量。在《大运河文化辞典》中把内容分为9个部分，即水道水系、水工设施、运河与运营管理、运河地名、运河经济、运河文化、运河文物、运河人物与历史事件、综合。抓纲带目，就是抓住中心环节。对《大运河文化辞典》来说，就是抓住水道这个纲领性环节，各类运河文化都是由它而生，随它而来。抓住水道，可理出水柜、水系、水工设施、水运状况，进而理出涉及运河与运营管理的机构、制度，以及与运河关联的派生文化。在水道条目选定时，要注意时空定位，防止时空倒错。大运河运行千年，水道的大小变化不断，不同时代有不同水道，要搞清特定时代的水道的特定情况，做到时空准确定位。这个问题的难点是在漫长的历史长河中，许多地理和地上物在不断变化，地名、河名也有不同称呼，加之历史文献记载中，汉字的发音和表意都有变革，因此科学准确地定位水道并不容易。这方面有不少权威性著作，可作依据，但有一部分在学界有不同意见，在条目写作时可选择一种较公认的意见，也可把不同意见并列展示。顺藤摸瓜，就是顺着特定时空的水道变化理清特定时段运河文化的特点和亮点，为条目选定提供线索和依据。此外，在选定条目的同时要注意选择和绘制图表，把资料中与文字内容可互鉴的图照找出来，把可随手绘制的图表画出来，以备加工和选用。这样可事半功倍，否则等到文字任务完成后，再找图照，费时费力。

（2019 年 10 月）

《大运河文化辞典·北京卷》条目总表

本表为使编纂者有全局性认识、不遗漏重要内容、便于组织编纂而编，共包括水道水系、水工设施、运河与运营管理、运河地名、运河经济、运河文化、运河文物、运河人物与历史事件、综合九大门类。门类的划分不反映严格的科学分类。独立参见条目插入各门类编排，并标示所参见条目。【 】表示分类，无实条。

水道水系

【航运水道】
　【先秦】
　　洵河
　【隋唐】
　　隋唐大运河
　　　永济渠
　【辽】
　　萧太后运粮河
　【金】
　　金漕渠
　　金口河
　　闸河
　【元】
　　金口河
　　双塔漕渠
　　坝河
　　阜通河　见坝河
　　通惠河
　　白河
　　金口新河
　【明】
　　通惠河
　　泡子河
　　玉河
　　白漕
　　密云河
　　昌平河
　【清】

通惠河
北运河
港沟河
会清河
南长河　见长河
京杭大运河北京段
【大运河水系】
温榆河
湿余水　见温榆河
【元】
北沙河
易荆水　见北沙河
南沙河
东沙河
【明】
亮马河
【新中国成立后】
温榆河
北小河
清河
万泉河
小中河
中坝河
城北减河
北运河
【汉】
潞河
【元】
浴蚕河
【明清 / 民国以后】
北运河
通惠河
通惠河通州段
金水河
菖蒲河
筒子河
护城河
前三门护城河
三里河（东）
长河
北长河
玉泉河　见北长河
金河
凉水河
莲花河
洗马沟　见莲花河
玉带河
大明濠
龙须沟
【相关水系】
永定河
灅水　见永定河
【东汉三国魏晋】
高梁河

三海大河　见永定河

【隋唐】

桑干河

【元明】

浑河

凤河

【清】

永定河

潮白河

潮河

鲍丘水　见潮河

白河

沽水　见潮河

箭杆河

【湖泊（水库）】

【湖泊】

瓮山泊　见昆明湖

高水湖

养水湖　见高水湖

泄水湖

丹棱沜

白莲潭

积水潭

太液池

鱼藻池　见金中都太液池遗址

延芳淀

昆明湖

团城湖

福海

玉渊潭

八一湖

太平湖

莲花池

葫芦头

高碑店湖

六海

什刹海

前海

后海

西海

龙潭湖

【水库】

密云水库

怀柔水库

十三陵水库

官厅水库

沙河水库

泉水

西山十泉

孟村一亩泉

马眼泉

石河泉

玉泉

玉泉山泉群

金山泉
万泉庄泉
【修建工程】
【三国魏晋】
车箱渠修建
戾陵堰修建
【元】
白浮瓮山河修建
通惠河修建
文明河　见通惠河修建
【清】
转河修建
【新中国成立后】
穿城河修建
京密引水渠修建
昆玉河　见京密引水渠修建
永定河引水渠修建
运潮减河修建
二道沟污水治理
南旱河治理
龙道河治理
玉河恢复
北运河通航工程
大运河照明亮化工程
北京环球度假区项目工程

水工设施

【堤防】
昆明湖堤
十里长堤　见昆明湖堤
北运河堤防
坝闸
阜通七坝
苏庄滚水坝
河南村橡胶坝
【闸】
【古代河闸】
通惠河二十四闸
广源闸
会川闸
高梁闸　见会川闸
朝宗闸
澄清闸

海子闸　见澄清闸
文明闸
惠和闸
庆丰闸
二闸　见庆丰闸
平津闸
郊亭闸　见平津闸
普济闸
杨尹闸　见普济闸
通流闸
广利闸
河门闸　见广利闸
五闸二坝
大通闸
南浦闸
青龙闸
昆明湖水闸
二龙闸
松林闸
铁棂闸
【现代河闸】
通惠闸
榆林庄闸
杨洼闸
甘棠闸
北关闸
辛堡闸
鲁疃闸
向阳闸
苏庄闸
安河闸
桥梁
【古代桥梁】
十七孔桥
西堤六桥
绣漪桥
长春桥
麦钟桥
白石桥
高梁桥
铁平章桥
马市桥
德胜桥
银锭桥
万宁桥
后门桥　见万宁桥
西板桥
西压桥
东不压桥
北海大桥
金鳌玉蛛桥　见北海大桥
断虹桥
金水桥
通济桥

卧虎桥　见通济桥
广利桥
土桥　见广利桥
广济桥
永通桥
八里桥　见永通桥
安济桥
朝宗桥
通运桥
马驹桥
张家湾古桥
北运河浮桥
【现代桥梁】
北运河桥梁
温榆河桥梁
码头
积水潭码头
通州城关码头
黄船坞
石坝码头
土坝码头
张家湾码头
水关
正阳门东水关
清水口
西山引水石槽

运河与运营管理

【河道管理】
【河道衙署】
都水监
都水清吏司
都闸府
【职官】
专理河道官
永定河道
闸官
河道夫役
闸夫
总甲
河兵
浅铺

【法规制度】
岁修制度
植柳制度
【漕运管理】
漕运衙署
漕运所
京畿都漕运使司　见漕运所
督运昌密漕粮户部分司
漕帅府
漕运厅
巡漕御史
【职官】
漕运总兵官
漕运夫役
坝夫
船户
运军
【行业组织】
水手行帮
镖行
【法规制度】
漕运期限规定
漕船维修制度
【航运方法】
提闸梯航法
【漕仓管理】
【漕仓衙署】
仓场总署衙门
尚书馆　见仓场总署衙门
坐粮厅
监督主事公署
巡仓公署
【职官】
仓场总督
总督仓场　见仓场总督
仓使
抽查漕粮御史
【漕仓夫役】
车户
【法规制度】
《直隶五道成规》
样米制度
【当代河湖管理】
【河湖治理】
永定河治理
温榆河治理
北运河治理
通州堰
潮白河治理
凉水河治理
清河治理
通惠河治理
昆明湖清淤
什刹海治理

金水河治理

污水处理

碧水再生水厂

高碑店污水处理厂

【滨水绿化】

京密引水渠绿道

什刹海环湖绿道

环二环城市绿道

萧太后河绿道

温榆河绿道

莲花河滨水绿道

通州区运河绿道

【管理机构】

北京市水务局

运河地名

北京市

昌平区

永安古城

城南街道

天通苑　见清河

马池口镇

马池口村

白浮村

念头村

阳坊镇

东贯市村

沙河镇

丰善村

海淀区

上庄镇

马连洼街道

苏家坨镇

沙涧村

温泉镇

温泉村

西北旺镇

海淀镇

四季青镇

海淀街道

苏州街

清河街道

青龙桥街道
　青龙桥镇
紫竹院街道
【曙光街道】
　蓝靛厂古镇
西城区
　新街口街道
　金融街街道
　　佟麟阁路
　　太平桥大街
　什刹海街道
　　金丝套地区
　　烟袋斜街
　　柳荫街
　　鼓楼西大街
　　德胜门内大街
　　地安门外大街
　大栅栏街道
　　大栅栏
　　前门西河沿
　椿树街道
　　琉璃厂街
　陶然亭街道
　　潘家胡同
东城区
　北新桥街道
　　新太仓胡同
　　海运仓胡同
　朝阳门街道
　建国门街道
　　禄米仓胡同
　　干面胡同
　　苏州胡同
　东四街道
　　南门仓胡同
　　豆瓣胡同
　　朝阳门内大街
　东华门街道
　　正义路
　　北河沿大街
　　南河沿大街
　　台基厂大街
　　王府井大街
　　东交民巷
　前门街道
　　鲜鱼口
　　长巷三条
　　薛家湾胡同
　　前门大街
　崇文门外街道
　　花市大街
　　神木厂大街　见花市大街
　天坛街道
　体育馆路街道

交道口街道
景山街道
朝阳区
朝外街道
朝阳门外大街
建外街道
二闸村
南磨房乡
高碑店乡
高碑店村
花园闸村
三间房乡
管庄乡
杨闸村
八里桥村
双井街道
太阳宫乡
西坝河村
东坝乡
东坝古镇
将台乡
孙河乡
孙河村
沙子营村
金盏乡
十八里店乡
小红门乡
奥运村街道
麦子店街道
三里屯街道
酒仙桥街道
顺义区
光明街道
牛栏山镇
李遂镇
李桥镇
安里村
通州区
城市副中心
通州古城
通州古城街道
北苑街道
新仓路
中仓街道
十八个半截胡同
赵登禹大街
新华街道
磁器胡同
女师胡同
新华大街
司空分署街
西海子西路
外河沿
铜关庙街

玉桥街道

永顺镇

新建村

盐滩村

姜厂子村

张家湾镇

张家湾古镇

皇木厂村

里二泗村

北马头村

大高力庄村

瓜厂村

漷县镇

漷县古镇

马头村

榆林庄村

西集镇

西集村

儒林村

潞城镇

崔家楼村

潞源街道

宋庄镇

白庙村

尹各庄

台湖镇

次渠村

马驹桥镇

于家务回族乡

梨园镇

【门头沟区】

三家店村

【石景山区】

麻峪村

西黄村

礼王坟村

琅山村

【密云区】

河漕村

仓头村

运河经济

【水路运输】

【水路运输】

大运河船舶

货运

丝绸

瓷器

食盐
茶叶
茉莉花茶
客运
会同馆
和合驿
潞河驿
漕运
海运
河运
剥运
漕船
【漕运货物】
漕粮
正兑米　见漕粮
改兑米　见漕粮
军粮经纪
白粮
皇木
金丝楠木　见皇木
贡砖
金砖
花斑石
陆路运输（京通）
京通石道
漕仓
漕仓防霉用料
仓廒房
京仓
南新仓
北新仓
海运仓
新太仓
禄米仓
旧太仓
富新仓
兴平仓
【城外漕仓】
太平仓
万安仓
裕丰仓
储济仓
【城郊漕仓】
本裕仓
丰益仓　见安河闸
通仓
大运西仓
大运中仓
大运东仓　见大运中仓
大运南仓
【漕粮收储设施】
大光楼
晒米厂
【商业经济】

集市

粮食市

江米市场

果子市

【商业区 / 街】

鼓楼商业区

前门商业区

南新仓文化休闲街

东四商业街

运河商务区

拾光买卖街　见圆明园遗址公园

通州城商业区

万寿宫商业区

【小吃 / 特产】

蜜三刀

卤煮小肠

饹馇饸

酱豆腐

京西稻

北京鸭

烤鸭

老字号

【金融业 / 钱庄】

“四大恒”钱庄

【绸布业】

瑞蚨祥绸布店

【文物古玩业】

荣宝斋

【文化用品业】

清秘阁

一得阁

毛笔店

【餐饮业】

仿膳饭庄

八大楼

八大居

同和居

小楼饭店

【食品店】

稻香村

大顺斋

天福号熟食店

【酿酒业】

酒坊

【中药业】

老字号中药店

同仁堂药店

【烟酒业】

茶馆

茶庄

天蕙斋鼻烟铺

【旅游经济】

公园

【遗址公园】

大运河源头遗址公园
圆明园遗址公园
元大都城垣遗址公园
皇城根遗址公园
明城墙遗址公园

【滨河公园】

【城区由北到南】
北京动物园
北海公园
大观园
陶然亭公园
北京滨河公园

【城外由西到东】
海淀公园
南长河公园
紫竹院公园
玉渊潭公园
庆丰公园
朝阳公园
温榆河公园
奥林匹克水上公园
西海子公园
通州运河公园
环球主题公园

【森林公园】
奥林匹克森林公园
东郊森林公园
潮白河森林公园
大运河森林公园
城市绿心森林公园

湿地公园
翠湖国家城市湿地公园
大运河水梦园
台湖公园

【文创产业园】
宋庄文创集聚区
莱锦文化创意产业园
郎园文化创意产业园
酒仙桥798艺术区
张家湾设计小镇
未来科学城　见温榆河

运河文化

【建筑文化】
蓟城
幽州城
南京城

中都城
大都城
大都城城门
北京城
皇城（北京城）
北京城中轴线
城门（北京城）
东直门
西直门
朝阳门
东便门
崇文门
永定门
【园林文化】
畅春园
圆明园
曲院风荷　见圆明园
长春园
狮子林　见长春园
绮春园
【胜景文化】
银锭观山
牛栏八景
通州八景
漷县八景
文昌阁十二景
【宗教文化】
罗教
道观
仓神庙　见道观
汇通祠
佑民观
关帝庙（通州）
妈祖庙
铁锚寺（通州）
小圣庙
【教育文化】
贡院
书院
金台书院
通惠书院
潞河书院
【民俗文化】
水神信仰
端午节习俗
庙会
隆福寺庙会
东岳庙庙会
蟠桃宫庙会
里二泗庙会
龙潭庙会
运河龙灯会（通州）
【文学艺术】
【小说】

《蒲柳人家》
《运河的桨声》
《漕运古镇》
《梨花渡》
《永远的大运河》
《北上》
【丛书】
《运河文库》
“京华通览”丛书
通州故事丛书
【刊物】
《运河》
【戏剧】
升平署
元杂剧
弋阳腔
京腔
昆曲
汉调
京剧
评剧
河北梆子
皮影戏
戏楼
戏园
广德楼
广和楼
庆乐园
中和园
吉祥园
天乐园
【现代剧】
《什刹海的传说》
《守敬龙泉》
《运河 1935》
【影视作品】
《话说运河》
《大运河》（纪录片）
《这里是通州》
《运河人家》
《漕运码头》
民间文学
燃灯塔传说
茄子灯趣闻
通惠河传说
高亮赶水传说
八里桥传说
卧虎桥传说
北新桥传说
铜帮铁底古运河
十七孔桥传说
什窖海传说
萧太后河来历传说
土桥镇水兽传说

民谣
【传统音乐舞蹈美术】
十番音乐
运河船工号子（通州）
古琴
高跷
狮子舞
苏式彩画
面塑
宫灯
玉雕
【现代音乐舞蹈美术】
【现代音乐舞蹈】
《天地运河情》
《大运河》（交响乐）
《运河组歌》
《运河谣》
《运》
【现代美术】
《万舟骈集图》
《京杭大运河风物图》
【古地图】
《运河图》
《运河全图》
《通州漕运粮道图》
《清代京杭运河全图》
曲艺
相声
北京评书
莲花落
八角鼓
京韵大鼓
大运河艺文
玉泉艺文
高梁桥艺文
什刹海艺文
玉河艺文
通惠河艺文
通州古城艺文
燃灯塔艺文
潞河艺文
张家湾艺文
【传统体育游艺】
冰嬉
龙舟赛
【传统技艺】
京作硬木家具制作技艺
燕京八绝技艺
雕漆技艺
景泰蓝制作技艺
金漆镶嵌制作技艺
花丝镶嵌制作技艺
【文化设施】
郭守敬纪念馆

运河瓷画艺术馆
运河历史文化展览馆
文化活动
运河核心区考古
开漕节
运河文化艺术节
运河国际艺术周
京津冀运河文化展
【历史文化保护区】
南锣鼓巷历史文化保护区
东四南历史文化保护区
大栅栏历史文化保护区
阜成门内历史文化保护区
鲜鱼口历史文化保护区
新太仓历史文化保护区
什刹海历史文化保护区

运河文物

【可移动文物】
【漕运文物】
军粮经纪密符扇
石权
通州运河沉船
《漕帮条规》折本
【水利文物】
昆明湖铜牛
【绘画文物】
《康熙南巡图》
《乾隆南巡图》
《通惠河漕运图》
《都畿水利图卷》
大运河古地图
《八省运河泉源水利情形图》
《京杭运河图》
【不可移动文物】
古建筑
天安门
德胜门箭楼
正阳门
钟鼓楼（北京城）
古观象台
陶然亭
流杯亭
国子监建筑

会贤堂
东南角楼（内城）
瀛台
故宫
  故宫角楼
  午门
  三大殿
  太和殿　见三大殿
  文渊阁
  宁寿宫花园
  御花园
王府
  蒙古王府
  【亲王府】
    恭王府
    礼王府
    醇亲王府
    郑王府
    淳亲王府
    庆王府
    仪亲王府
    僧王府
名人故居
  曹雪芹故居
  齐白石旧居纪念馆
  毛主席故居
  梅兰芳旧居
  宋庆龄故居
  郭沫若故居
  老舍故居
  茅盾故居
会馆
  山东会馆
  安徽会馆
  福建会馆
  河南会馆
  湖广会馆
  江西会馆
  台湾会馆
  浙江会馆
  晋江会馆
  【行业会馆】
    梨园馆
    正乙祠
  漕运会馆
【宗教建筑】
  三庙一塔
    佑胜教寺　见三庙一塔
    紫清宫　见三庙一塔
    燃灯塔
  坛庙
    历代帝王庙
    太庙
    孔庙

孔庙大成殿
天坛
祈年殿
【佛寺】
法源寺
大正觉寺
五塔寺　见大正觉寺
万寿寺
摩诃庵
广化寺
玉河庵
净业寺
【道观】
东岳庙
白云观
关帝庙
龙王庙
都龙王庙
黑龙潭龙王庙
广润祠
火神庙
什刹海火神庙
【教堂】
【天主教堂】
南堂
东堂
西什库教堂
【基督教堂】
亚斯立堂
【清真寺】
牛街礼拜寺
东四清真寺
常营清真寺
清真寺（通州）
通州清真寺
【现代建筑】
北京饭店初期建筑
北大红楼
北大二院旧址
【古典园林】
北海
琼华岛
团城
静心斋
北海小西天
北海西天梵境
五龙亭
静明园
颐和园
清漪园　见颐和园
颐和园长廊
谐趣园
颐和园苏州街
颐和园大船坞

颐和园耕织图
御舟
颐和园水榭
颐和园清华轩
排云殿建筑群
佛香阁
紫竹院行宫
钓鱼台与养源斋
景山
恭王府花园
私家园林
半亩园
怡园
可园
盛园
【古遗址】
玉河故道遗址
永济渠故道遗迹
闸河故道遗址
金口新河遗迹
萧太后河故道遗迹
元通惠河故道遗址　见通惠河修建
白浮泉遗址
金中都太液池遗址
金中都水关遗址
张家湾城墙遗迹
葫芦头遗址
清农事试验场旧址
通州古城垣
汉代路县故城遗址
【古墓葬】
十三陵
长陵祾恩殿
利玛窦和外国传教士墓地
琉球国人墓地
耶律楚材祠和墓
袁崇焕墓和祠
李卓吾墓
石刻
天安门华表　见石刻
碑碣
去思碑
河渠碑
《神木谣》碑
京通石道碑
三义庙碑
孔庙碑林
湖山罨画坊
镇水兽
博物馆
国家博物馆
首都博物馆
故宫博物院
通州博物馆

张家湾博物馆

大运河翰林民俗博物馆

高碑店村史博物馆

运河人物与历史事件

【运河人物】

【东汉】

王霸

【三国】

刘靖

【唐】

赵德钧

【辽】

萧太后

【金】

海陵王

金世宗

金章宗

韩玉

【元】

忽必烈

关汉卿

郭守敬

张瑄

罗璧

赵孟频

鲜于枢父子

欧阳玄

瞻思

脱脱

【明】

永乐帝

杨士奇

阮安

陈锐

罗梦鸿

王琼

吴仲

刘应节

李贽

利玛窦

【清】

孙承泽

谈迁

顾炎武

李渔

朱彝尊

顾贞观

顺治帝

张然

样式雷家族

洪昇

孔尚任

康熙帝

纳兰性德

曹寅

王鸿兴

雍正帝

允祥

方观承

欧阳瑾

乾隆帝

曹雪芹

高朗亭

魏源

程长庚

老舍

【当代】

侯仁之

郑孝燮

罗哲文

浩然

刘绍棠

【历史事件】

【隋唐】

隋炀帝征辽东

唐朝征辽东战事

【辽金】

高梁河之战

完颜亮迁都

【元】

忽必烈建大都

【明】

徐达北伐

靖难之役

郑村坝之战

永乐迁都

日本贡使团进京

琉球贡使团进京

苏禄王进京

《永乐大典》运京

北京保卫战

朝鲜贡使团进京

【清】

荷兰使团进京

康熙下江南

乾隆下江南

徽班进京

马戛尔尼使团进京

综合

【研究机构】

北京市文史研究馆

大运河文化研究会

【志书】

【旧志·综合志】

《顺天府志》

《顺天府志》（光绪）

《河渠志》（顺天府志）

昌平旧志

宛平县志

《大兴县志》（康熙）

《通州志》（乾隆）

【旧志·专志】

《二十五史河渠志注释》

《金史·河渠志》

《析津志辑佚》

《元史·河渠志》

《漕运通志》

《通粮厅志》

《通惠河志》

《明史·河渠志》

《清史稿》

《河渠志》（清史稿）

《漕河图志》

《畿辅安澜志》

《直隶河渠志》

【新志·综合志】

《北京志》

水利志

区（县）新志

【其他有关著作】

【古代著作】

《水经注》

《治水筌蹄》

《河防一览》

《潞水客谈》

漕运专著

《漕运则例纂》

《畿辅河道水利丛书》

《行水金鉴》

《续行水金鉴》

《昌平山水记》

【现当代著作】

运河史专著

运河史料著作

《北京历史地图集》

《中国水利史纲要》

《北京古运河与城市供水研究》

《京杭运河史》

《北京漕运和仓场》

《中国三千年运河史》

《北京水利史》

《北京水史》

《北平历史地理》

“京杭大运河遗产保护出版工程”丛书

《京杭运河治理与开发》

《北京城的生命印记》

《中国运河史料选辑》

《中国水利史典·运河卷》

《中国大运河遗产构成及价值评估》

《漕运时代北运河治理与变迁》

《什刹海与京杭大运河》

【规划文件】

《中国大运河申报世界遗产文本》

《大运河遗产保护与管理总体规划（2012—2030）》

《大运河文化保护传承利用规划纲要》

运河规划

北京大运河文化带

颐和园古都文化展示区

《大运河遗产保护规划（北京段）》

大运河文化旅游景区

关于辞典条目撰写的意见

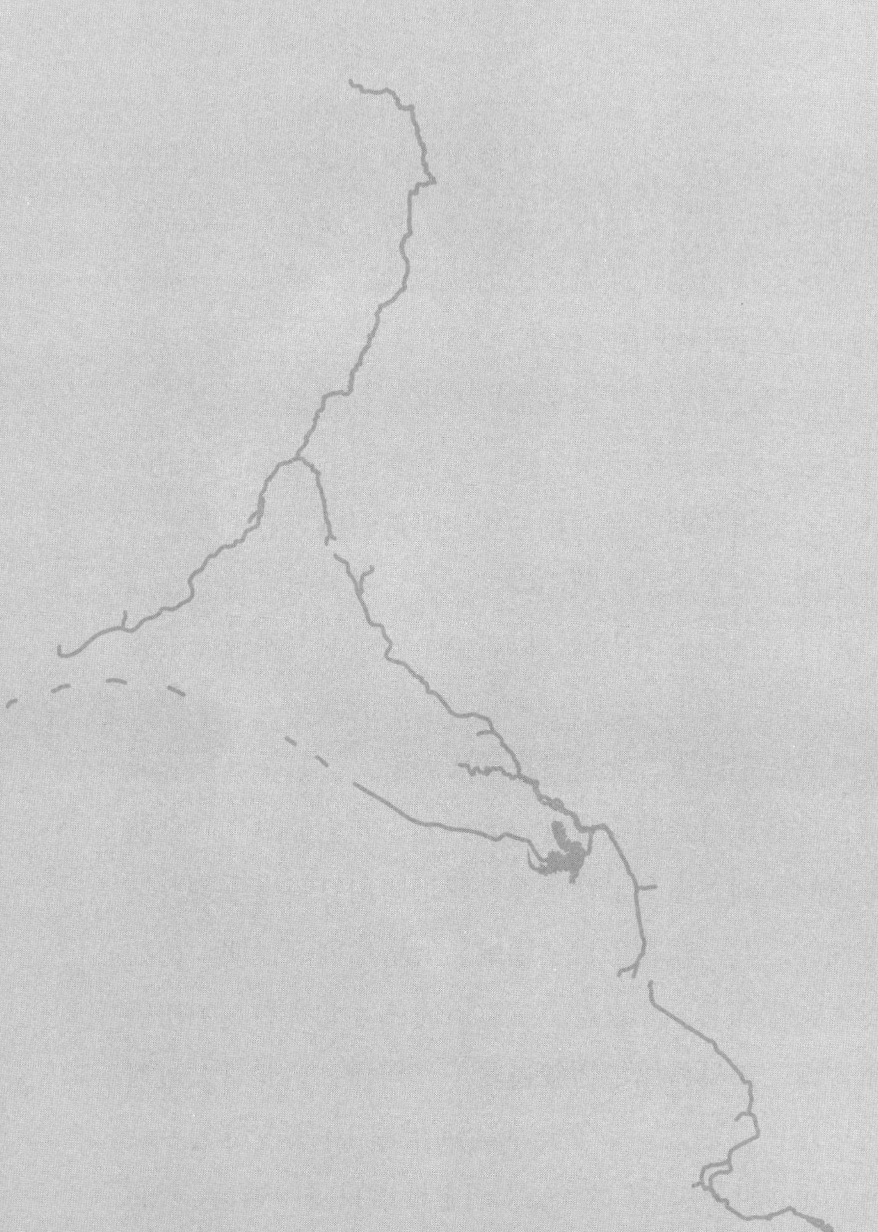

条目是辞典的主体部分，条目撰写的质量是辞典品位和价值的决定性因素。其特点是可独立成章，每一条都有比较完整的内容；有规范性结构，即由条头词、定性语、释文三个部分组成，我们叫它“条目结构三要素”；用语注重结论性、精短性、导引性；内容求精不求多，文字求短不求长，多是千字以下。

撰写方法，首先是确定条头词，它是条目的名字、知识的引擎。其要求是用名词或名词化词句，使条目既具有鲜明性，又有易排比性，便于成书时顺序编排。其特点是唯一性，在同一著作，不可出现同名条头词，以避免产生歧义，给读者带来不便。

其次是凝练定性语。这是条目性质的定义，是全条内容概要的提示，也是条目撰写中难度较大，容易产生偏颇和歧见的环节。常见的偏颇：一是定性延伸，就是搬用百科全书条目撰写的“定性叙述”，即在条目主题定义上增加展开说明。比如在《大运河文化辞典·北京卷》（以下简称《北京卷》）初稿中“通州古城”条目，用定性叙述写了三句话：“北京大运河文化带内 2 座古县城之一。通州北运河沿岸 10 座古城之一。通州运河文化‘四大片区’之一。”用定性语只需一句话：“北京大运河沿岸古城。”“澄清闸”条目的定性叙述是：“元代通惠河上的3座运河水工设施，分别位于万宁桥西侧（1座）、东侧（2座），包括澄清上闸、澄清中闸、澄清下闸。”这就把定性语和条目释文混在一起，使定性不准，也占了释文的内容和篇幅。其实有一句话即可：“通惠河元代古闸。”“定性叙述”和“定性语”是百科全书和辞典在条目撰写上的一个原则性区别。二是定性异位，也就是定性不准确或完全错位。如在《北京卷》条目初稿中，“文创园”条目的定性语为“北京大运河文化带是北京文创产业聚集地区”。定的不是“文创园”，而是“文化带”，正确的定性语应是“文化创意产业聚集区”。三是定性空泛，没有抓住条头词的本质性内容，而是以一般化名词后面加“之一”。在有些辞典编纂中，多有出现。比如“土地改革”“三反五反运动”“反右派斗争”“大跃进运动”“人民公社化运动”“四清运动”等，定性语同为“政治运动之一”。“土地改革”是农村土地制度的变革，其他政治运动的性质在党和国家的文献上都有特定表述。“之一”以避重就轻的同类共性特征的表述替代个性表述，没有展示各自本质性内容和同一类型不同个体的区分，大大降低了条目的知识含量。四是定性语要素缺失。凡是条目体著作中条目的编写，定性语是三大要素之一，除特殊情况外，一般都应就位，但在一些辞书编纂的条目中，常有缺失。比如在《北京卷》条目初稿中，“酒坊”条目在条头词后直接写北京白酒的酿造历史，让读者在尚未理解酒坊是什么的情况下，目光一下跳到酿酒史上，产生思维断档现象，增加理解难度。五是用语不当。以叙述性语句替代结论判断性语句，这在《北京卷》初稿中出现较多。比如“会同馆”条目，定性语为“北京在辽代已有会同馆之设，为燕山客馆”；“京师保卫战”条目，定性语为“明代有两次保卫战，分别发生在正统十四年和崇祯二年（见皇太极攻北京）”；“酱园”条目，定性语为“北京的酱腌菜历史可追溯到南北朝时期”；“通惠河”条目，定性语为“通惠河开凿于元代”；等等。

再次是写好释文。释文是条目的主体部分，是对条头词和定性语的展开说明。要求紧扣主题，突出主题，不离题发挥，无过多议论；内容完整、清晰，顺理成章，可独立成文，避免释文缺重要依据、有效论述和结构失序；简明扼要，不说套话、空话，把特定内容压缩到规定字数之内。对一些大主题可分多条，比如“张家湾”是大运河的节点村镇，可分列张家湾古镇、皇木厂村、里二泗村、土桥村、张家湾古桥、张家湾码头等条目。对一些小主题可用一条多事方式。每一知识主题都可设圈码标题，比如“白浮泉遗址”，除概述主题内容外，还设“白浮泉遗址考古”和“白浮泉”两个圈码标题，圈码标题都要纳入辞典索引之中。条目中可设参见，以沟通有关条目的内在联系，形成全书的严密完整的知识体系。比如“瓮山泊”参见“昆明湖”、“二闸”参见“庆丰闸”、“后门桥”参见“万宁桥”等。

（2019年10月）

《大运河文化辞典·北京卷》条目定稿选录

1. 水道水系类

长河 通惠河水源河流。又称“南长河”“高梁河”“皂河”“御河”等。清代始称“长河”。初起西湖龙王庙，乾隆年间扩建昆明湖后起自昆明湖出口绣漪桥，至西直门北三岔口闸入护城河，全长（包括西直门转河在内）10.8千米。金代为解决水源问题而开凿，导玉泉山水，向东南流注入高梁河。元至元三十年（1293），郭守敬主持引白浮泉水及西山诸水与金代的引水渠接通并加以扩宽，建成通惠河的引水河段。明清时期，长河为御用河道。清乾隆年间疏浚并拓宽河道、建造景观、沿岸种植垂柳。因慈禧太后常经长河游幸颐和园，又被戏称为“慈禧水道”。光绪三十一年（1905），末端河道改线与北护城河相接（此段河道称“转河”）。1950年进行疏挖，在尾闾新建三岔口闸，控制向北护城河、西护城河分水。同年，在紫竹院至高梁桥间的河道北岸建10眼机井，以补充长河清水水源。1957年双紫支渠建成，永定河引水渠通过双紫支渠经紫竹院湖向长河补水。1966年修建京密引水渠时，绣漪桥至长春桥3.1千米河道被借用，长河起点改至长春桥以南新建的长河闸。1975—1982年，高梁桥至三岔口河道改为暗渠，与北护城河上段暗渠相连接，废弃西直门转河段，长河终点改为高梁桥。1998年重新翻建长河首闸，在麦庄桥残存桥基附近新建麦庄桥，在广源闸右侧另开新河，在紫竹禅院北辟建“紫御湾”，新辟7000平方米水面的船舶停泊区。1999年7月，北京展览馆后湖至昆明湖绣漪桥段通航。2003年9月，恢复转河。河道上有麦钟（庄）桥、广源闸、高梁闸桥等文物遗存。沿岸古迹有五塔寺、广通寺遗址、倚虹堂御码头遗址、龙王庙、万寿寺等。南长河及沿岸景色被水利、文物专家誉为京城第二条历史文化风貌风景带。

积水潭 元代大都城内湖泊。由古高梁河河道、洼地的积水以及地下水出流汇聚而成。位于大都城皇城北。金代为白莲潭北部水域。元代位于太液池北，称积水潭或海子，其范围包括什刹海三海和城外太平湖水域。元初郭守敬引玉泉水，利用积水潭通漕运，即后来的坝河。至元三十年（1293）郭守敬开凿通惠河后，积水潭成为京杭大运河北端终点码头。元末通惠河城区段停航，此后积水潭成为通惠河的水源调节水库。元人黄文仲的《大都赋》中有对积水潭漕运码头繁华景象的描绘。明初北京城北城墙南移，积水潭部分水域被隔于城外。万历年间地图标明，水域以德胜门内大街为界，西部水面称积水潭，东部水面称什刹海（但东、西水域仍统称积水潭）。因水源上游来水减少，水面缩小，潭中央出现陆地和岛屿。为保证太液池供水，修建从西部水面直通什刹前海的月牙河，形成“银锭观山水倒流”景观。什刹海最窄处建有银锭桥，是前海与后海的界桥。积水潭又称“净业湖”，因北岸有净业寺而得名。清末积水潭分化成由西北向东南延伸的三块水域，西侧仍称积水潭，中部称什刹海，东侧称莲花泡子。民国时期开始使用西海、后海和前海的名称，并将三者统称为什刹海，为与前三海（北海、中海、南海）区分，又称“后三海”。20世纪50年代西小海被填后，建成什刹海体校。1980年西海成为规范名称，积水潭成为地名。北二环有积水潭桥，地铁设积水潭站。积水潭桥西北的北护城河滨河公园建有“潭西胜境”景区，该景区以乾隆帝《积水潭即景诗三绝句》为蓝本，仿诗中意境打造了荷风轩、浮烟舫等景点。位于西海之南的积水潭医院内有一片小水域，保留积水潭之名。新街口豁口外的北京变压器厂院内及地安门商场地下都曾发现元代积水潭石护岸遗址。

2. 水工设施类

广源闸 通惠河出瓮山泊南流的第一处河闸。是北京保存最完整的元代水闸，有“通惠河第一闸”“南长河第一闸”之称。分上、下两闸，为元代通惠河二十四闸中的两座，上闸有镇水兽。①广源上闸。建于元至元二十六年（1289）。位于万寿寺以东。处于海淀台地开口下方，河道至此坡降较大。闭闸时水面平静，开闸放水时，水流向下游涌动如同小瀑布。元明清皇帝游西湖，都经过此处。清乾隆帝曾赋诗：“广源设闸界长堤，河水遂分高与低。过闸陆行才数武，换舟因复溯洄西。”因闸北原建有斗母宫，后转音成豆腐宫，故俗称“豆腐闸”。闸东北建有龙王庙（见龙王庙），通惠河缺水时在此祭祷水神。站在闸上望西山，高梁河上游之景尽收眼底，明人有《广源闸望西山诗》。1949年后在旧闸位置兴建了木桥（闸上铺设木板当作桥），桥下两端可见旧闸口。1964年，上游修麦钟桥水闸后，广源闸弃而不用。1998年改造长河时，更换水泥桥面，增设汉白玉栏杆。1999年，“广源闸及龙王庙”被列为海淀区文物保护单位。2013年，广源闸被列为全国重点文物保护单位。广源上闸上下游两侧雁翅共有4只镇水兽。②广源下闸。即广源上闸下游1千米（国家图书馆东南白石桥处）的白石闸。建于至元二十九年。据《大清会典》记载，康熙二十五年（1686）之前此闸尚存。1999年疏浚长河时挖出桥基石，因在白石桥西侧得名白石闸。

广利桥 通惠河古桥。通州区文物保护单位，大运河北京段物质文化遗产（包括镇水兽）。位于通州区张家湾镇土桥村。因建在广利闸东侧而得名。建于元至元三十年（1293），是张家湾通往大都城大道上的重要桥梁。初为木架铺板，板上铺夯灰土，因车马过往，灰土时毁时铺，人过烟起，故俗称“土桥”。土桥村因桥得名。明初改建为石桥。万历年间，慈圣李太后捐内帑在桥南建三官庙。清乾隆四十二年（1777）重修石桥，嵌重修记碑一块。①广利桥建筑。南北向单孔平面石桥，长11米，宽6米。桥面石、撞券石、金刚墙及雁翅均为花岗岩石块砌筑。两侧设等长等厚异高之护栏板各3块。东南向雁翅中间顶部嵌砌石雕镇水兽一只。②广利桥废弃。清嘉庆七年（1802）北运河改道，土桥渐废。1998年石桥两侧河道故迹被填塞，桥洞、记事碑被掩埋，将镇水兽从雁翅上升至地面。2000年修建京沈高速公路经过土桥村时，桥体被埋，只剩桥面两段高约1米的栏杆和一只镇水兽。2004年土桥处兴建社区，土桥栏杆又被埋一部分，地面上只露出两道桥栏顶沿，桥栏旁置有镇水兽。③土桥村。位于东六环路土桥新桥西南，萧太后河北岸，玉带河西岸。元代成村。明代设有公署宣课司、张家湾土桥巡检司（清代延续）。村域内土桥观音寺，俗称“达摩庵”。始建于元，明清重修。与玉皇庙（道教庙宇）隔古道相望，又因处于大运河北端上码头（北马头村）附近，名传南北。村落已拆迁，原址建成土桥新村，有土桥东区、土桥西区、欣桥家园等住宅区。

3. 运河与运营管理类

坐粮厅 明清时期仓场衙门特设的官署。隶属于户部，是仓场衙门最重要的部门。①明代坐粮厅。设于成化十一年（1475），分为京粮厅和通粮厅，初设员外郎主管京、通二仓收放漕粮的事务，后改郎中。京粮厅又称“上粮厅”（后并入大通桥监督署），位于东便门附近通惠河北岸。通粮厅又称“下粮厅”，位于通州新城西门内南侧（北苑街道新仓路），为原总督仓场太监居住的忠瑞馆，嘉靖十四年（1535）改称坐粮厅。②清代坐粮厅。清代定名户部坐粮厅，是户部独设于通州分管漕粮的机构，有“小户部”之称。主事官称坐粮厅司官。设满、汉厅丞各一员（满正汉副）。雍正元年（1723）定二年一差。下辖石坝州判、土坝州同、通济库大使、通流闸闸官、庆丰闸闸官各一员。职责为监督挑挖北河淤浅，催趱北河重运漕船及返空的漕船，督令经纪车库转运粮米交仓等。因衙署位于仓场总署衙门和西仓之西，又称“西衙门”，俗称“西厅”。漕粮运到通州后，须经坐粮厅署验收后再转运到京、通各仓收储。除漕粮验收等事务外，坐粮厅还负责在通州东西南北四门及杨富店、洪仁桥、浮桥、晏公桥、张家湾、新河口、崔家楼、东岳庙及南北鹅房等处设卡征税。其衙署建筑格局与规模仿京城户部，共有房200余间。下设八科（东、西、南、北、税、漕、铜、白粮），六股（头宅、二宅、三宅、社人、运目、经纪），三班（里班、外班、轿仗班），还有七十二行业，六十四巡社。其中，漕科管河道船只，二宅管土坝，三宅管石坝，社人为验粮官前驱，运目管理船头、水脚、车户、经纪。七十二行业统辖通州布业、粮业等工商各业。“巡社”为坐粮厅外勤巡丁，负责巡察各科所辖事务，稽查偷税、走私、盗窃等。庚子事变中，衙署被毁。北苑街道官园胡同因清代坐粮厅官员所设花园而得名。

潞河驿 通州区明清时期驿站。又称“潞河水马驿”“通州驿”，为水陆兼用驿站。位于通州城东关外潞河西岸。明永乐年间设置，原为南向前后2个院落。隆庆中期毁于大火，万历五年（1577）在原址重建。匾额为“四方同来”。有正厅7间，后堂10间，正厅前廊房东西各5间，后堂前廊房东西各3间，另有仓库、驿丞厅等。驿内西为总会铺，又称“递运所”，接收陆路水路而来的各方文牒。东为来宾馆，为封疆大吏回京暂息之所，后改为抚夷馆，接待附属国来宾。潞河驿前面码头处有驿亭，内立“潞河水马驿”碑，因其用黄色琉璃瓦，俗称“黄亭子”。明清时期，是外地官员、外国使臣入京的必经之地，有“京门首驿”之称。清康熙三十四年（1695）归并张家湾和合驿。2010年驿站遗址在东关大街附近被发掘，修复性方案为南北四进院落，占地面积约10000平方米，建筑面积3000平方米。

4. 运河地名类

苏州胡同 东城区建国门街道辖域胡同。因安置参与北京城兴建的苏州工匠而得名。位于崇文门内大街东侧。东起邮通街，西止崇文门内大街。胡同西端北侧有支巷与麻线胡同相通，南侧与公平巷、南八宝胡同、中鲜鱼巷相通，北侧与北鲜鱼巷相通。形成于明永乐年间，相传姚广孝规划建设北京城和皇宫时，有大批苏州工匠、运输船工及商贩沿运河北上，在京城东南角形成聚居地。因此地多为苏州人，故名。1965年七贤里、延寿庵并入。胡同附近的洋溢胡同、镇江胡同等也是为安置参与兴建都城的江南工匠而形成的。①洋溢胡同。位于建国门内大街南侧。东起北京站街，西止崇文门内大街，南临西裱褙胡同，北与洋溢后巷相通。全长519米。元代为大都城南城垣东段。明、清两代分别称扬州胡同、羊肉胡同，民国后改称洋溢胡同。20世纪90年代拆除。②镇江胡同。位于北京站西街两侧。分东镇江胡同、西镇江胡同。东镇江胡同东起北京站广场西侧，西止北京站西街。明代称铫儿胡同，民国时期称钓饵胡同。1958年修北京站西街时分为两段，居北京站西街以东巷段称东镇江胡同。

西镇江胡同东起北京站西街，南侧与船板胡同相通，北侧有支巷与庆平胡同相通。明代称镇江胡同。1956年与钓饵胡同合并。1958年因修建北京站西街分出，称西镇江胡同。

皇木厂村 通州区张家湾镇漕运古村。通州区两个以皇木厂为名的古村之一，另一处为北皇木厂（见新建村）。位于镇域西北部，萧太后河与凉水河汇流处北岸。明代成村。管理皇木厂的敕宦官、佑司把总署驻此，运木的车户、脚夫居此，渐成村落，故名。皇木厂码头为张家湾码头组成部分。村中振兴茶局为明清时期通州三家著名茶局之一。皇木厂遗址（包括古槐）为大运河北京段物质文化遗产。非物质文化遗产皇木厂竹马会是张家湾花会的会头，在举办节日、庙会、庆典等民俗文化活动时，均由皇木厂竹马会开头。村内曾建有关帝庙。村北存有一段长150米的大运河故道遗址。村南部还有花斑石窖藏，出土有嘉石、千斤重昌延号石权、元代缸胎鸡腿瓶、龙泉印花瓷片等古物。为市级民俗旅游村。20世纪90年代进行古村改造。①皇木厂遗址。张家湾皇木厂建于明永乐年间，遗址南北约120米，东西约100米。清嘉庆十三年（1808）北运河改道后，此处皇木厂废止。该遗址曾留有镇厂皇木一根，直径近1.8米。遗址东南角有国槐一株，系皇木厂官员所植，胸径1.3米。此槐下层枝干下长，叶扫地，为奇观。四周围以白石护栏。遗址西侧曾发现宽近20米的蒜瓣土层，是运木车马碾压所成。在古槐西侧曾发现窖藏元代稀有金属冶炼小坩埚，有3000余件，为通州区最大稀有金属冶铸所用的小坩埚窖藏。同时出土有几件灰陶罐、缸胎黑釉鸡腿瓶等。②皇木厂关帝庙。建于明永乐年间，由管理皇木的官吏所建，祈祷关圣帝君神灵保佑皇家木料安全无虞。清代重修。光绪十年（1884）曾于此庙设惜字会，存惜字楼记碑身。庙前古槐为通州区文物保护单位，也是张家湾码头遗址与皇木厂遗址的标志物。

5. 运河经济类

京通石道　北京城与通州城之间重要的通道。也是漕粮陆运通道。北京城朝阳门与通州城之间土道是京通间两条大道之一［见陆路运输（京通）］，每到雨雪天，给交通带来很大困难。为了解决京通间的陆路运输难题和维护皇朝形象，雍正帝下旨在旧道的基础上修铺朝阳门至通州城的石道。雍正七年（1729）八月开工，次年五月竣工。共分两段：首段（通州城外段）自朝阳门至通州新城西门，长 18.63 千米，宽 6.7 米，两侧设有辅路土道，各宽 5 米；次段（通州城内段）穿通州新、旧城至大运西仓、中仓及京杭大运河北端码头土坝、石坝，长 5000 米，宽 4 ~ 5 米。路面一色花岗岩条石顺铺。十一年十二月，为记载彰扬此事，雍正帝在八里桥东立了“御制通州石道碑”（见京通石道碑）。乾隆二十二年（1757）重修。乾隆帝对石道质量的要求比雍正帝更高，铺路的小石块换成又大又厚的整石板，其他物料也都选用优质精良的材料，路面铺修得平平整整，无坎无埞。改造用了近四年的时间，乾隆时期为京通石道的鼎盛时期，在石道以运输为生的运脚工人数有三四人。英国首次访华的马戛尔尼使团在通州下船后，经由石道到北京城。朝鲜使臣对行驶在石道上的交通工具有记载，“见大车载物多用骏马，否则用骡驾车，率皆以骡，骡力甚大故也。远行则驾用两骡，近行则用一骡。赶车的执丈（杖），余之执鞭，坐车前，鞭其不尽力者。皆入范驱，齐力而行。车轮俱无辐，但置木一纵二横，以纵者为毂，方其孔，使轮钮回转，裹轮以铁，周围加钉，极其坚固。虽行千里，亦无磨破之弊”。道光二十年（1840）至二十八年，丁鹤皋捐修石路，仅由城内修至西门外。民国年间先后改为石屑路、柏油路。20 世纪 50 年代拓修道路，其中东三环京广桥至通州八里桥段定名为朝阳路，成为京通之间主要公共交通干线。

剥运 明清用剥船转运漕粮的水上运输方式。也写作驳运、拨运。采用剥运方式主要是因为漕河水量不足，只能采用小型漕船（剥船）分载转运大船上的漕粮及其他物资，并制定相关剥运规定（剥运制度）。据周之龙《漕运一觇》记载，剥船“长约 6 丈，宽 1 丈 2 尺”。明清时期，里、外漕河等都采用剥运。①外河剥运。外河剥运河段自土石二坝至里二泗。石坝外河船户 20 名，每名领剥船 9 只；土坝外河船户 15 名，每名领剥船 6 只。外河剥运按照路程远近给予相应的运输费用。外河剥运最初只在每年三四月春旱运河浅阻时进行。嘉靖中后期以后，漕粮全部自张家湾剥运至土石二坝。万历七年（1579）废除一律自张家湾起剥的做法。清初外河设红剥船（官剥船）。康熙三十九年（1700）废止，改由旗丁自雇民船剥运漕粮。乾隆五十年（1785）后恢复官设剥船。同时规定，在河水浅阻时漕粮起六存四（河水充足时起四存六），即起卸六成由剥船运送通州码头，存留四成仍由原漕船直运通州码头。②里河剥运。嘉靖七年（1528）后，在石坝交卸、验收的京粮扛运入里河剥船，经通惠河五闸分段剥运至大通桥，再从大通桥起车运至各京仓。《通粮厅志》记载了万历时期里河剥运经纪的设置情况和明代漕粮经里河运输费用情况。清代里河、外河剥船均10年排造一次。③护城河剥运。通仓从土坝利用通州城护城河运送漕粮始于万历二十二年（1594），由郎中于仕廉提出施行。漕粮在土坝码头起卸，扛至码头南护城河北端剥船之上。剥船循护城河南行至旧城南门和新城南门，分别起车运入大运中仓和大运西仓。清代利用北京城护城河运漕粮入京仓。据《钦定日下旧闻考》载，康熙三十六年（1697），“浚护城河，引大通桥运艘达朝阳、东直等门”。《钦定户部漕运全书》载：“大通桥至朝阳门护城河剥船二十八只，朝阳门至东直门护城河剥船十四只。”

6. 运河文化类

京剧　在北京形成的全国性剧种。国家级非物质文化遗产。北京是京剧的诞生地，京剧的形成与发展和京杭大运河密切相关，也与清代帝王的喜爱与扶持分不开。清乾隆四十五年（1780），乾隆帝第五次南巡，随行大臣和地方官员为博取乾隆帝欢心，将沿途各地方确有绝活的戏曲班子会集到扬州献演。乾隆帝离开扬州后，各戏班班主商议结伴进京，于是乘船沿运河北上，每到运河边的集镇、码头便登岸演出。四十七年，这支荟萃了不同地方戏种的戏班船队到达京城，并在查家楼、月明楼、吉祥园、庆乐园、中和园等地演出。地方戏的相互交融，使原本单调的戏曲变得丰富起来。五十五年起，三庆等徽班先后沿大运河进京（见徽班进京），在京剧史上具有重要意义。徽班进京后经花雅之争、徽秦合流、徽汉合流，吸收京腔（源于弋阳腔）、昆腔的唱腔，以及花部的表演技艺和剧目，在19世纪中叶形成京剧，时称“皮黄”。涌现出以程长庚、余三胜和张二奎为代表的第一代京剧演员。之后谭鑫培、梅兰芳等京剧艺术大师通过对皮黄戏的整体艺术改造，有了京剧之名。京剧随着商旅往来及戏班的流动演出，沿着大运河向全国各地传播。二十世纪二三十年代是京剧发展的鼎盛时期，人才辈出，流派纷呈。1949年后，京剧开创了繁荣的局面。2010年入选联合国教科文组织《人类非物质文化遗产代表作名录》。在京的演艺院团主要有国家京剧院、北京京剧院、风雷京剧团等。

运河瓷画艺术馆 通州区文化设施。位于梁各庄村京塘路与通怀路交叉口，大运河森林公园西门南侧。占地面积6000余平方米。旨在收藏和展览中华民族优秀文化艺术品，弘扬通州古运河文化。建有瓷窑四座，以收藏、研究、展示当代陶瓷绘画兼当代国画及大家书法作品等为主。藏品包括瓷板画、陶瓷绘画、陶艺作品、书法国画等藏品，多件藏品曾获国内多项艺术大奖。其中，高温釉瓷板画曾荣获2012年中国国际轻工消费品展览会文化创意奖，《运河人家》青花瓷板画获金奖。馆内设有运河历史文化展厅、运河两岸农具展厅、非遗项目实践教室、3D影院、高温瓷板画展厅等。常年开设的项目有瓷盘彩绘、非遗核桃车、泥塑制作、运河文化伞、民俗剪纸、京剧脸谱、传统风筝制作、民俗扎染等。

7. 运河文物类

军粮经纪密符扇 明清时期漕粮入仓验收凭证。扇面为宣纸。两面各有50个符号形状。藏于通州博物馆。①密符扇符名与符形。密符由两部分组成，上部分绘符号的形状，下部分用楷书标注符号的名称，每个符号代表一家军粮经纪。100个密符名称中有地名1个，舟车名2个，店铺名2个，花果瓜蔬名12个，兽鸟虫名17个，日常用具名16个，古人、时人名50个。符形创造类似汉字六书中的象形、假借与会意等造字方法。②密符扇密符使用。明清时漕粮运到通州码头后，入仓前须经经纪进行漕粮验收。对于检验合格过关的漕粮及时核查数量，也叫“起米过斛”。过斛之后，漕粮装袋，由验粮经纪用木炭在口袋外面画上自家密符，俗称“戳袋”，表示该袋已由某家经纪验讫完成。监察官员抽查发现不合格漕粮，可对照粮袋上的密符查处作弊经纪。

万寿寺　南长河北岸明清皇家佛寺。全国重点文物保护单位。位于海淀区紫竹院街道万寿寺路，东邻延庆寺。是京城“外八刹”之一，原为明代太监谷大用家庙。万历五年（1577），万历帝之母李太后出资重建，司礼监太监冯保督建。清顺治二年（1645），顺治帝赐山门石匾，上书“敕建护国万寿寺”。乾隆十六年（1751）和二十六年，乾隆帝为庆祝其母崇庆皇太后寿辰，两次扩建。二十六年扩建时，将西路改为行宫，形成集寺庙、行宫、园林为一体的建筑格局。万寿寺是帝后去西山皇家园林途中的驻跸之地，被称为“京西小故宫”。光绪二十年（1894）重修万寿寺行宫。慈禧太后来往颐和园时常在此拈香礼佛，有“小宁寿宫”之称。20 世纪 30 年代遭大火，王小波小说《万寿寺》对其破落景象有所描述。1984 年大规模修缮。1987 年建成北京艺术博物馆，收藏各类历代艺术品约 12 万件。①万寿寺建筑。寺院占地面积 3 万余平方米，分东、中、西三路。中路为主体建筑，有山门、天王殿、大雄宝殿、万寿阁、大禅堂、御碑亭、无量寿佛殿、万佛楼等。西路为行宫，主要有寿茶寿膳房、行殿院、后罩楼院、大悲殿院等，其中行殿院有南房、前正殿和正殿 3 个院落；后罩楼院是御园式建筑院落，主建筑后罩楼为两层阁楼，慈禧太后常在此休憩梳妆，故又名“梳妆楼”。东路为方丈院。②万寿寺庙会。旧时每年四月初一至十五举行庙会，周边进香拜佛者众多，四月初八，佛祖释迦牟尼诞辰，为正期。庙里循例于大延寿殿举行“消灾解厄、增福延寿”大法会。清时，盛行“舍缘豆”。所谓“缘豆”，即僧人们在开庙之前，利用选豆（青豆、黄豆）的形式进行念佛，每选一粒豆便宣一声“南无阿弥陀佛”圣号。四月初八佛祖诞辰之日，将豆子煮熟，配上咸胡萝卜丁儿，放在大笸箩里，用小勺免费送给香客，谓之“舍缘豆”。庙会期间有赛马活动。③万寿寺古都文化展示区。《北京市大运河文化保护传承利用实施规划》（以下简称《规划》）明确打造的7个运河文化展示区之一。《规划》指出，包括万寿寺及延庆寺、紫竹院等周边区域；加快推进万寿寺和延庆寺文物保护修缮及周边区域搬迁腾退、改造提升，恢复历史风貌；以“水上御道”串联万寿寺、延庆寺、广源闸、紫竹院行宫等珍贵遗存，建设成为水岸呼应的大运河文化展示区段。

8. 运河人物与历史事件类

郭守敬（1231—1316） 元代天文学家、数学家、水利专家。京杭大运河规划设计者和通惠河开凿的主持者。顺德邢台（今属河北）人。早年师从刘秉忠学习天文、地理等知识。中统三年（1262），于上都向忽必烈面陈“水利六事”，提出引玉泉山水修复漕运河道等建议，获忽必烈赞赏。先后任提举诸路河渠、副河渠使。至元二年（1265），任都水少监。同年，提出重开金口河，引浑河水入燕京，“以漕西山木石”，为修建大都城运输建筑材料。八年，升任都水监。十一年，开凿金水河，引玉泉山泉水向大都皇城供水。十二年，探查大运河从淮河穿过山东到大都沿途水系情况，完成并绘出详图。他的设计路线比隋唐大运河缩短行程近800千米，初步奠定了京杭大运河的走向和格局。十三年，任工部郎中，参与新历法制定。十五年，任同知太史院事，建立大都观象台。十七年，完成新历《授时历》编制。二十八年，奏请开通州至大都的运河，提出引昌平白浮泉水沿地形等高线西折而南，汇入沿途一亩泉、玉泉等十大泉水，以解决运河水源不足的方案，再任都水监，主持通惠河开凿。为解决大都城至通州河床坡度大、不易存水的问题，设计修建24闸实现“节水行舟”。工程从二十九年春动工，三十年完工。京杭大运河至此全线贯通，江南漕船可直接使入大都城，城内积水潭出现“舳舻蔽水”漕船云集的盛况。此后提出许多对修建工程上好的建议。延祐三年（1316）病逝于大都。现西海北岸汇通祠内建有郭守敬纪念馆。

康熙下江南　清康熙帝南巡视察。康乾盛世的标志性事件。康熙帝分别于康熙二十三年（1684）、二十八年、三十八年、四十二年、四十四年、四十六年6次南下，是清朝第一位跨过海河、黄河、淮河、长江、钱塘江5条大江河的皇帝，开创了清帝南巡的先例。南巡中视察河务与漕运，促进满汉文化交融，宣扬皇威与督察臣工，省耕问俗与游览山水。首次南巡时，恰逢三藩之乱平定，途中通过“赐匾、赐字、赐宴、赐食、赐银、赐物、赐见、赐官”八赐，笼络汉官；通过拜祭孔子、祭岱庙、祭明陵、祭禹陵，评价董仲舒为“正谊明道”，承认儒家传统。在六下江南中有4次由江宁织造曹寅接待。王翚、杨晋等人合作绘制的《康熙南巡图》描绘的即为康熙帝第二次下江南的情景。此外，除第一次只到江苏江宁（今南京）外，其余5次都经嘉兴抵达杭州。康熙帝喜爱江南园林景观，将江南园林的造园理念和技艺带回京城，对皇家宫苑的建造产生重要影响。如第一次南巡回京后，随即命江南造园家张然为西苑瀛台、玉泉山静明园堆叠假山，后又主持了畅春园的仿建工作。

9. 综合类

《通惠河志》 明代记述通惠河的专志。吴仲撰。嘉靖九年（1530）成书，十二年刊行。分上、下两卷，卷首有嘉靖三十七年（1558）汪一中《通惠河志叙》，交代了通惠河开凿原委。现存嘉靖年间刻本和隆庆年间增修本，分别藏于国家图书馆和南京图书馆。1992年，中国书店出版段天顺、蔡蕃点校本。①《通惠河志》上卷。包括《通惠河源委图》《通惠河图》《通惠河考略》《闸坝建置》《公署建置》《修河经用》《经理杂记》《夫役沿革》《部院职制》。主要记述了通惠河全线各闸坝及公署的建置沿革；元至元年间到明嘉靖年间的修河情况，包括河工人数、钱粮数量、所用建筑材料、石坝的建筑规模等。此外，还记述了通惠河剥船数量、各闸两岸工部官地数量以及征麻情况，管理人员及朝廷命官治理河道、督运粮道情况等。②《通惠河志》下卷。收录吴仲本人及工部、户部各有关部门围绕通惠河疏浚问题的历次奏议及碑记、诗文等。奏议主要对水陆两路运输货物的优劣对比，强调运河漕运的重要性，指出“先时通州至大都五十里，陆挽官粮，岁若千万，民不胜其悴，至是皆罢之。自是漕运无转般之劳，而壹代事功，卒归于守敬焉”。吴仲根据明朝中叶通惠河的淤塞状况提出时修浚以通运道、专委任以责成效、复旧额以给闸夫、改闸座以防水患和处剥船以便粮运等建议。另外还有《工部都水司司题名记》《重修闸河记》等碑记资料。③《通惠河志》点校本。以民国时期郑振铎所辑《玄览堂丛书》中影印明刻本为底本。出版时，还以附录的形式收录了元代至清代有关通惠河的文献资料，包括元、明、清正史《河渠志》记载资料，《漕运通志》记载的河闸管河各卫所，《行水金鉴》记录的明代通惠河漕运疏浚之事等，对了解和研究北京地区的运河文化均具有较高的参考价值。

《大运河遗产保护规划（北京段）》 大运河文化保护规划文件。由国家文物局组织编制。2012 年发布，是大运河申请世界文化遗产范围的基本文件依据。共 11 章 51 条。规划以元至明清时期的京杭大运河作为大运河北京段遗产保护的核心，以元代白浮泉引水沿线、通惠河、坝河和白河（今北运河）一线河道作为大运河北京段遗产保护的主线。涉及运河遗产河道长度约 80 千米，规划范围包含北京市域范围内大运河遗产需要给予保护与控制的区域（大运河遗产保护带），面积约 77.8 平方千米，涉及通州、朝阳、崇文（今并入东城）、东城、西城、海淀、昌平 7 个区。此外，规划还将运河遗产河道周边的生态景观环境作为运河保护的背景环境，研究范围包括运河河道两岸单侧200米的区域，面积约129.2平方千米。最终确定了大运河物质文化遗产40处，其中水利工程遗产共31项，包括河道5项、水源4项、水利工程设施（闸）7项、航运工程设施10项（桥梁8项、码头2项）、古代运河设施和管理机构遗存（仓库）5项；其他运河物质文化遗产共9项，包括古遗址6项、古建筑2项、石刻1项。大运河非物质文化遗产共11项，其中地名3项、传说6项、风俗1项、其他1项。此外，还确定了4处重点展示景点和6处一般展示景点，其中重点展示景点包括：白浮泉，引水工程展示点；玉泉山诸泉与瓮山泊（今颐和园昆明湖），运河水源与水柜展示点；积水潭（今什刹海），运河水柜与码头展示点；通州城遗产群，运河古城镇与码头展示点。

关于辞典专文写作的意见

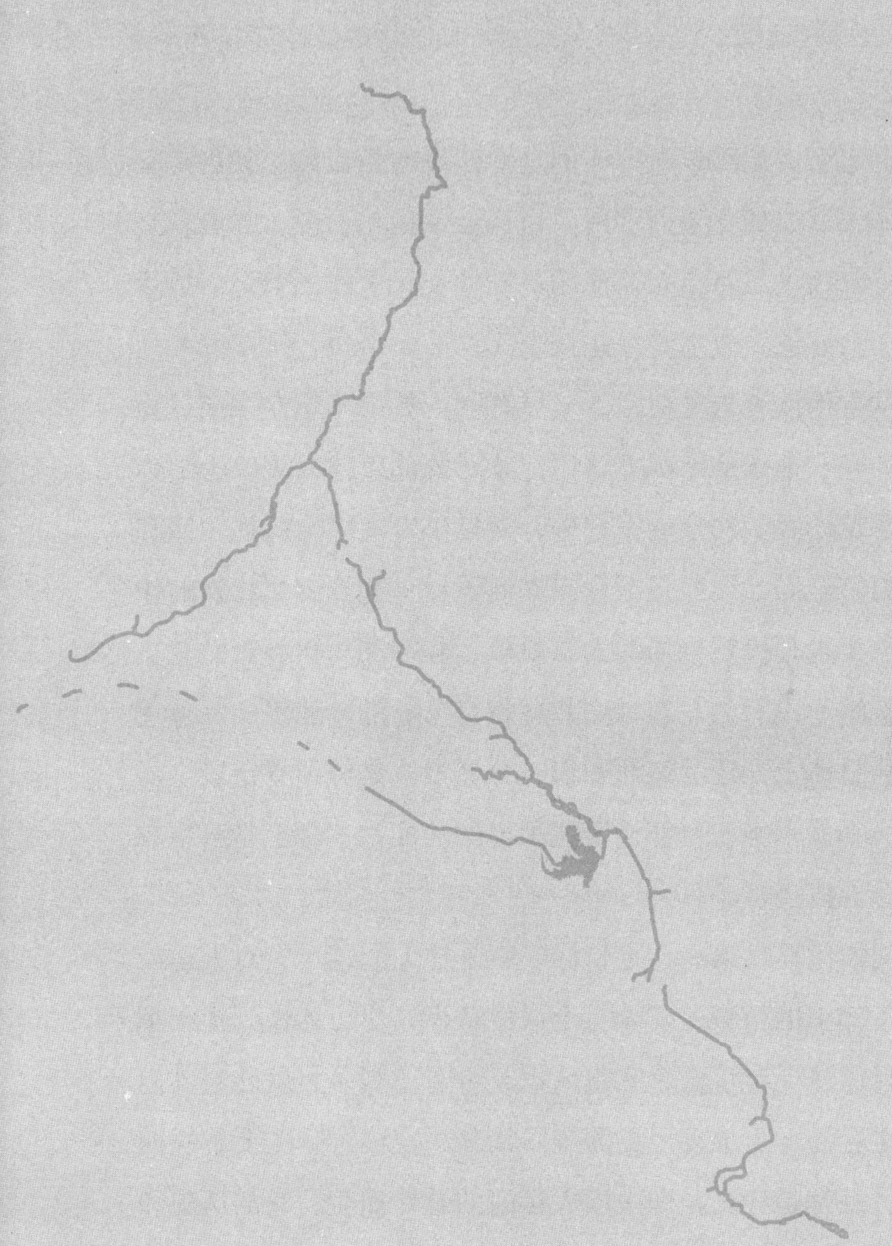

《大运河文化辞典》的体例是专题性的条目体，条目是辞典的主体，辞典的主要内容由条目构成。换句话说，辞典就是主要由特定数量条目组合而成的基础性文化著作。但每一条目都是一个独立体，成书时又是按条头词的汉语拼音排序的并列存在，常常使读者只见树木，难见森林。如果不把众多条目完全阅读一遍，很难从宏观上认识记述对象的整体面貌。为了弥补这个不足，我们在顶层设计中，安排了专文、全局性图照和大事年表。全局性图照是配合专文而设置，起到图文相映的作用；大事年表是纵观全局的大事要事，和专文相得益彰；专文包括八卷统一编写的总述专文和各省市分卷的分述专文。总述专文是从总体上介绍大运河知识，分述专文是介绍省市段全局性知识，都是承担条目释文不能承担的功能，实际上是篇幅较长的综合性概述性条目。

专文如何写？第一，定目标。就是让人阅读后，对大运河文化相关知识的精华、要领有全局性认识，尽可能做到提纲挈领，一目了然。有了这个宏观认识，再看微观条目就能对其内容认识更容易、更准确、更深刻。第二，定内容。主要解决四个问题：一是是什么，即中国大运河的总体面貌，它的历史和现状以及前景，特别是不同历史时期的不同状态，使读者对大运河的历史和现状有个全局性的明确认识；二是为什么，即为什么开凿，为什么变革，为什么要保护、传承和利用，说明大运河文化产生、变化的社会根源和传承价值，使读者对大运河形成发展的历史原因和传承的必要性有所认识；三是历史意义，即大运河在中华民族的经济发展、文化积累、社会进步、政治统一等方面所起的重要作用，使读者领略其独特的历史文化价值；四是当代对大运河文化遗产的保护、传承和利用情况以及对大运河文化带建设的展望，使读者对党和国家保护、传承、利用大运河的重大决策有所了解，并积极投身其中。第三，定体例，以论述体较为妥当。不同于志书的述体，即总述、综述、篇章述，重在述，是以对事物的客观记述为主，只在必要处作简明评点；也不同于理论著述重在论，比如论著、论文，目的是论证某一思想观点，可逻辑推理，引申发挥。论述体是在对事物展开叙述中不断评点议论，是有叙有议、夹叙夹议、叙议融合的文体，是对已有知识的综合提炼，以吸收最新科学认知为目标，一般不追求专业性的探索创新，也不主动与不同观点论辩。第四，定框架，即把文章的大结构定下来。结构是由内容和体例决定的，但又和作者的写作习惯、知识积累程度相关联，同一内容、体例，可有不同结构。只要能以特定体例充分展示内容的结构，都是可行的结构。但共同的要求是叙述应求实、求简，对事物既有完整的表述又突显其精华，追求简而明，显而真。评议应准确鲜明，应有很强的逻辑性和说服力，可追求高度和深度，但更要适度。文风应适应大众读者的需求，以通俗平实为好。总之，结构应追求前呼后应，左勾右连，顺理成章，尽可能做到整体融合而非拼盘。第五，要区分八卷的总述专文和分卷的分述专文。两者是整体和局部的关系，总述专文是对大运河总体状况的论述，是从大运河时空全局着眼的，分述专文则是对大运河在各省市状况的论述。后者的内容应更具体丰富一些，应突出大运河在本地区的特点、亮点，篇幅可设计在 10000 字左右。前者应是在后者的基础上撰写的，应高屋建瓴，更宏观、更概括一些，写大事大略，尽可能避免重复，篇幅可设计在 20000 字左右。

总之，辞典的专文如何写，还未形成一定之规，只能在不断探索中形成共识。

（2019 年 11 月）

《大运河文化辞典·北京卷·序言》（定稿）

大运河北京段的古今概貌、历史功效和激活蓝图

中国大运河是充分展示中华民族勤劳勇敢、自强不息、智慧迸发的宏伟工程，其长度和规模至今举世无双，不仅是中华文化光彩夺目的瑰宝，也为人类文明树起了一座历史丰碑。处于大运河最北端的北京先民，为这座丰碑的建造付出了难以言说的汗水和心血，同时也接受了无可替代的抚育和支撑，北京之所以能成为国家的政治、文化和国际交往中心，大运河功不可没。

北京地处华北大平原的北边，西、北和东北群山环绕，东南是缓缓向渤海倾斜的平原，境内曾经泉水涌流，河道纵横，至今仍有永定河、拒马河、潮白河、北运河、泃河 5 条较大河流从西北向东南流淌。早在 3000 多年以前，北京就以蓟、燕两个城邦国为代表，开始书写城市的历史，此后很长时间处于农耕文明和游牧文明交界地带，自然成为北方的军事重镇。辽、金时期的南京、中都开启了都城的历史，元大都成为全国的政治中心。明、清、民国直至中华人民共和国，北京逐步形成了屹立于世界东方、领航中华前进的国际化大都市。随着城市的现代化转型，大运河的丰富遗产已成为北京历史文化大观中浓墨重彩的篇章。

一、北京地区的运河概貌

北京地区运河的发掘与使用可以追溯到秦汉时期。秦建立统一王朝后，开掘水陆交通成为国家要务。特别是北征匈奴时，需要便捷军需通道，从山东黄、腄、琅邪，通过海河联运，到达北部边境蓟、燕。史载："秦使天下蜚刍挽粟，起于黄、腄、琅邪负海之郡，转输北河，率三十钟而致一石。"①明清以来的学者考证，"北河"即"白河"②。据《后汉书》记载，汉建武十三年（37），上谷郡（现北京市区域内）太守王霸，"数上书，言宜与匈奴结和亲又陈委输可从温水漕，以省陆输之劳。事皆施行"③。温水漕即温榆河。这是有关北京地区漕运最早的记载。东汉末年，曹操为了征服占据辽东地区的乌丸（乌桓）政权，于建安十一年（206）开凿了平虏渠和泉州渠，"凿渠自呼沲（即今滹沱河）入泒水（今河北的大沙河），名平虏渠，又从泃河口凿入潞河（今潮白河下游之北运河，古称笥沟），命泉州渠，以通海"④。这是北京地区第一条人工运河记载。

隋唐时期北京成为南北大运河的北端。隋朝为在政治上加强对辽阔国土的管控，经济上获取南方粮食和财政支持，开凿运河，使洛水、黄河、汴水、淮河、长江诸水系相连贯通，特

① 司马迁：《史记》卷一一二《平津侯主父列传》。

② 杨家毅：《浅析大运河（北京段）文化带的内涵》，《北京联合大学学报（人文社会科学版）》，2017年10月。

③ 范晔：《后汉书》卷二〇《王霸传》，中华书局，1997年。

④ 陈寿：《三国志》卷一《魏书·武帝纪》，中华书局，1997年。

别是隋炀帝为保卫辽东的战役做准备而开通永济渠，由黄河通沁水、卫水，通向北部边陲涿郡（治蓟城，今北京）。这条运河全长约 2000 里，充分利用自然河流和三国时曹操开凿的人工水道，最北端大体上是利用桑干河（永定河）一支，至蓟城东南，又利用了洗马沟水（即今莲花河，发源于蓟城西的大湖，今莲花池前身），直达蓟城南门。[①]

辽、金时期蓟城先后被定为辽陪都南京和金首都中都。随着城市地位的提升，规模的扩展，解决城市供应成为当政者的重大课题。辽代为解决从农业比较发达的辽河下游地区运粮到南京的问题，曾利用永定河故道疏浚、开挖了一条“萧太后运粮河”。这条河起始于辽南京，最终在通州张家湾汇入凉水河。由于有关这条河的文献缺失，当今学者颇有争议，但清光绪《顺天府志》做了比较肯定的记载：“饮羊河在通州城南，与牧羊台近，或曰即萧后运粮河。久枯，惟地洼，河形犹存，夏则积潦成流。按窝头河即萧后运粮河也，然则，饮羊河亦即窝头河故道。”金代先后修建 3 条运河，最早的是金漕渠。大定四年（1164），金世宗出京狩猎，走到近郊，看见旧运河淤塞荒废，命令进行疏浚。这是三国时开挖的车箱渠，由白莲潭北出口至通州的运河。但金漕渠因白莲潭水量不足及河道过陡，不久便淤塞不通。第二条是金口河。大定十二年，为导引卢沟河（永

---

① 蔡蕃：《历史上京杭运河进入北京的路线》，《2013年中国水利学会水利史研究会学术年会暨中国大运河水利遗产保护与利用战略论坛文集》，2013年11月。

定河）沟通中都漕运，开凿自金口（今石景山北麓），向东南至今玉渊潭，转南由今木樨地附近东南入金中都北护城河，再由此直达通州入潞水。但由于没能处理好卢沟河的季节流量不均、泥沙含量过大和运河坡度过陡的问题，不能通航，但可以引水灌溉。15年后，于大定二十七年将金口堵塞弃用。第三条是通济河。泰和五年（1205）正月，金章宗到霸州，看见运河淤塞不通，于是令“尚书省发山东、河北、中都等地军夫六千人，改凿之”①。重新开凿一条运河，走的是金口河下游路线。水源改引高梁河、白莲潭水后，又在五十里的河道建了五六座闸，因此这条运河也叫“闸河”。新河开通后，工程负责人韩玉官升两级。因水源不足，漕船经常受阻，闸河只用十来年，到贞祐二年（1214）金中都南迁，漕运也停止。金代在我国北方地区延续120年，对北京地位的提升和城市发展做出了史无前例

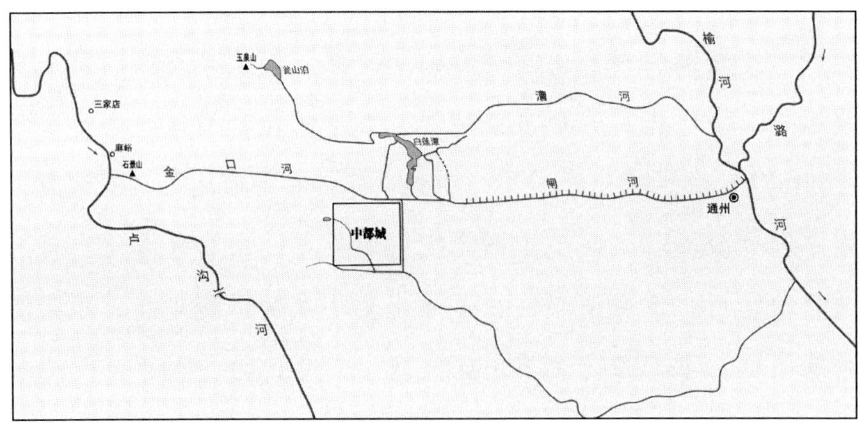

金代中都至通州潞河路线示意图

① 脱脱等：《金史·韩玉传》。

的贡献。在运河的开拓上，虽然不很成功，但却对北京城市水运，特别是从通州到都城的水运，奠定了历史性格局。此外，在河运、海运、陆运连接、漕运组织机构和制度的建设、仓储建设和管理等方面，都有开创性成就，为元、明、清三代提供了丰富经验，留下了宝贵遗产。

元代，北京成为全国的政治中心，定名大都，城市规模宏伟，经济繁荣发达，驰名于世。作为交通运输最为便捷的运河，得到空前发展，特别是京杭大运河的全线贯通，使国脉交通进入了一个新的境界，也为北京地区的运河事业开辟了崭新天地。

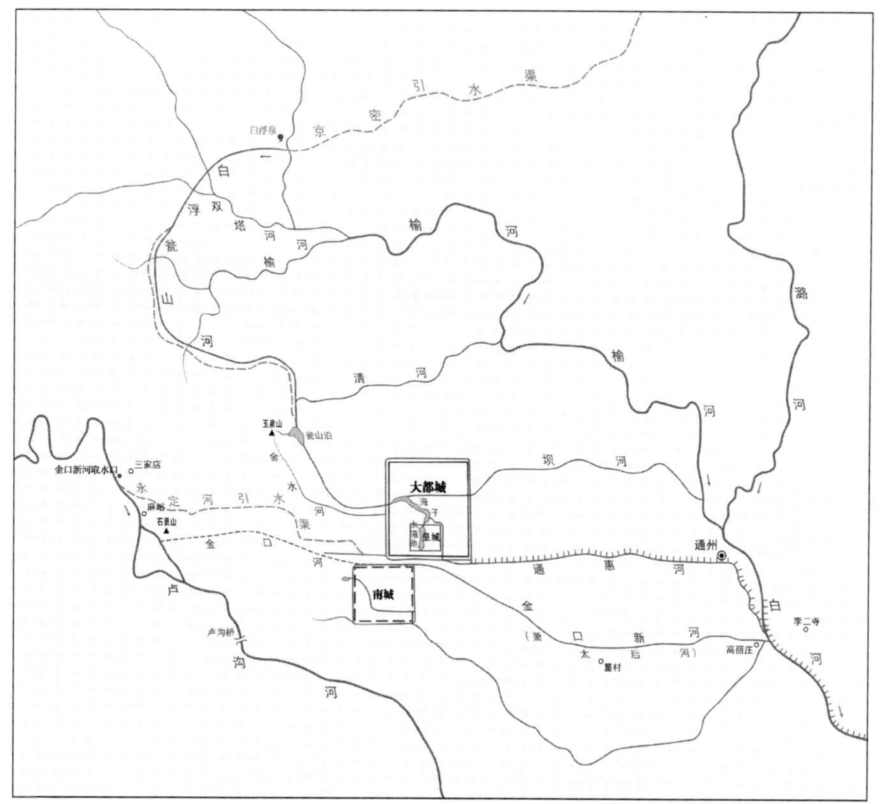

京杭大运河进入大都三条运河路线示意图

元代北京地区先后开凿的运河主要有3条：1.修造玉泉河—坝河。中统三年（1262）八月，郭守敬第一次见忽必烈时奏议“：中都旧漕河东至通州，权以玉泉水引入行舟，岁可省僦车费六万缗。”[①]玉泉水入中都漕河后，水源有了保证，促进了漕运发展。至元十六年（1279）开凿了金水河后，玉泉水大部分专供皇宫使用，入漕河水量减少，漕运受到影响，于是在河道筑拦河坝7座，改造成坝河。西起元大都光熙门，东至温榆河。分成梯级水面，分段行船，改行剥运。大德三年（1299），罗璧疏浚并展宽河道。以后，京畿漕运司对坝河的“河堤浅涩低薄去处”[②]全部加以修理，漕运量大增。元末，坝河水源锐减，河道淤积严重。到至正十二年（1352），漕船无法至京师。以后虽偶有通航，但日益衰落。明、清建都北京，玉泉水难以济坝河漕运，坝河逐渐变成城区东北郊的一条排水河道，起自北护城河与东护城河相接处，经东坝、西三岔河入温榆河。2.至元三年（1266）重新开凿的金口河。这条运河引卢沟水（永定河），主要用来运输西山木材和建筑石料，供大都新城市建设使用。重开金口河设计上有重大改进，在取水口前面增加了减水河，可以使洪水及时排泄回永定河，而不会淹没京城。开通这条运河，既可从上游将西山的建材运到京师，又可以给运河补充下游水量，扩大京畿的漕运。新开金口河基本是沿用金代的路线，河道出金口后，向东南经今北辛安南、古城北，转向东北经杨家庄南，

---

① 脱脱：《元史·世祖本纪》卷五。

② 脱脱：《元史·河渠志》卷六四。

又向东经粪村南、田村南、老山北、梁公庵北，再东经铁家坟北、金沟河路、定慧寺南至今玉渊潭，再往东南经原金中都北护城河，沿金代的闸河道，最后到达通州入白河。3. 至元二十九年（1292），都水监郭守敬主持开挖通惠河。当年八月开工，至元三十年秋完工，元世祖将此河命名为“通惠河”。自昌平白浮泉引水，西流折南，沿途接引王家山泉、昌平西虎眼泉、孟村一亩泉、西来马眼泉、侯家庄石河泉、灌石村南泉、冷水泉、玉泉等诸泉后入瓮山泊（今昆明湖）。在沿线水渠与河流（山溪）交叉处，修建了“笆口”12处，以解决引水与防洪的矛盾。关于开发西山泉水，早在至元元年，都元帅阿海的军队曾经开浚双塔河（漕渠）通漕运，供应昌平驻军的粮饷。《元史·河渠志》：“双塔河，源出昌平县孟村一亩泉，经双塔店而东，至丰善村，入榆河。”当时利用了孟村一亩泉水，并修建“水口”（笆口）工程，郭守敬借鉴了这些经验并扩大使用范围。瓮山泊水经长河引至大都城积水潭，再从积水潭东岸万宁桥（后门桥）引出，经东不压桥、南河沿，过今正义路东南，行经船板胡同、今北京站，出东便门接闸河故道，至通州东南李二寺入白河（今北运河）。由于北京地面坡降过陡，水流湍急，为“节水行舟”沿途每10里设闸一处，每处置上、下两座闸，相距1里许，共建船闸11处24座（海子闸、郊亭闸包括上、中、下3闸）。竣工后，漕船可自通州直抵大都城内积水潭，实现京杭大运河全线贯通。当时的积水潭，包括现今的什刹海和城外太平湖一带，成为京杭大运河的漕运终点。通惠河初建，均为木闸，运行二十几年后木多朽坏，漏水严重，影响节水行舟。至大四年（1311），开始将木闸陆续改建为砖石闸，泰定四年（1327）基本改建完成。

明、清除明初一段时期外，北京延续为全国政治中心。明代运河的变化主要是：1.改建通惠河。明初，由于十三陵的修建，白浮引水工程湮废，通惠河只剩玉泉水汇入西湖（瓮山泊）水源。此后又因北京城垣的改建，御河（通惠河的一段）被圈入皇城内，致城内不复通航。明正统三年（1438），在东便门外新建大通桥，通惠河改由大通桥为起点，因此又称“大通河”。到明嘉靖七年（1528），吴仲重修通惠河，改造元代的闸坝，并取得成功。据《通惠河志》载，其下游将河口自张家湾北移至通州城北门外，同时将大运河北端码头自张家湾北移至通州城东的土坝码头和石坝码头，由大运河运来的粮食在通州土坝码头或用剥船转运至通州入仓，或由石坝码头换载至通惠河，逐闸转运直至北京东便门外大通桥岸，漕船通过五闸二坝可达朝阳门、东直门。其后，又在大通桥北岸开支河，漕粮可运至北京粮仓。2.疏通昌平河和密云河。明代因京师接近边防，加之修缮长城，建十三陵，需大量漕粮供应，因此对天然河道加以疏浚。昌平河在元代曾被疏挖，但因季节性通航，未能持久。明隆庆六年（1572）至万历元年（1573），疏导沙河181处，使漕运自通州经温榆河直达昌平东南20里的巩华城（今沙河镇），河道长约145里。密云河也是明代开辟的密云至通州的运道。明嘉靖三十四年（1555）疏贯白河故道，于密云城西墙外疏沙滩157处。

四十三年，总督刘焘又“发卒疏通潮河川水达于通州，转粟抵（密云）镇，大为便利，且省僦运费什七”[①]，岁漕粮十余万石。

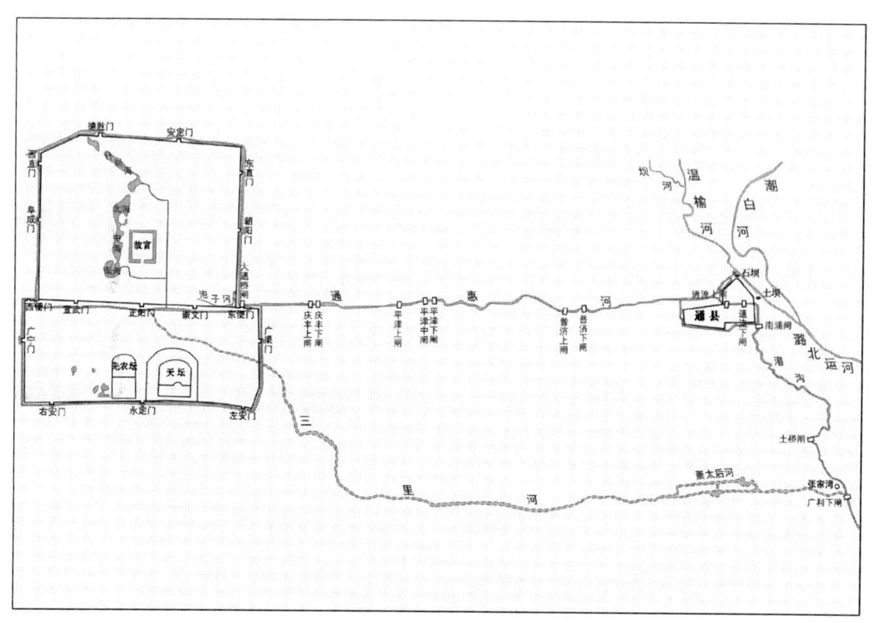

明代通惠河图

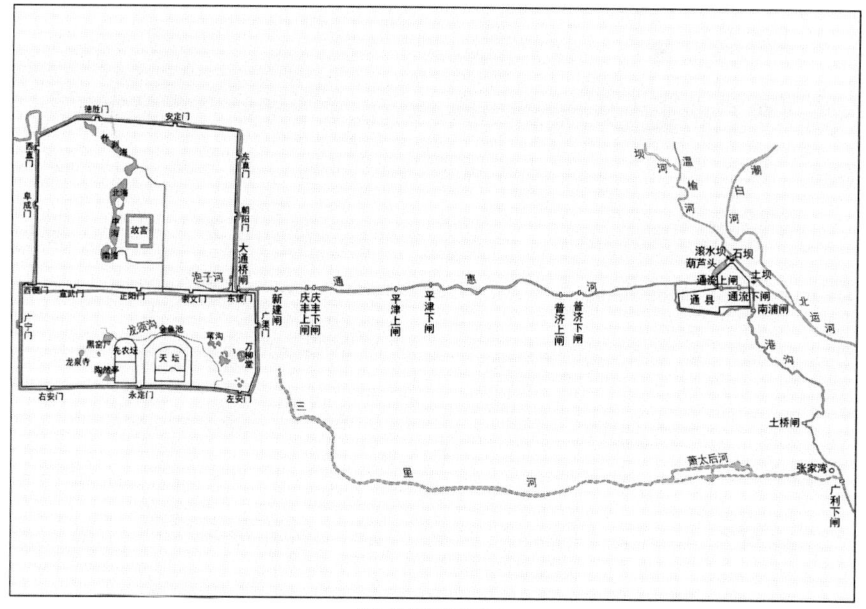

清代通惠河图

① 《明世宗实录》卷五三八。

清代基本上承接明代运河运行，使之尽可能畅通。主要变化是：1. 多次整治通惠河，维修闸坝。为保持大通河（通惠河）航运畅通，清康熙二十二年（1683）在玉泉建新闸，二十五年引水至瓮山泊诸湖。二十七年、三十一年两次疏挖积水潭，扩大容量。三十五年加固大通河堤、闸坝，截断坝河水源，增大大通河水源。翌年，在庆丰闸以上增建“新建闸”，漕船溯航逐闸盘运至大通桥下，可续航转卸于安定门、德胜门外粮仓。此后，继续不遗余力，大加修护，使通州至京城几十里水运，一直保持到清亡以后。2. 扩大上源来水的供给，最主要的是实施西山引泉水工程。乾隆三十八年（1773），开香山引河（又称“东南泄水河”或“南旱河”），注沥水于玉渊潭，沿三里河入西护城河。同时，京城西山一带，有名泉 30 多眼。为汇集西山诸泉水入玉泉，以解决昆明湖扩挖后对水的需求，乾隆年间修建两条石槽，一条石槽从香山樱桃沟引水，长约 7 千米，入四王府广润庙内方池；另一条石槽由碧云寺和双清别墅引水。碧云寺水泉有二，一在寺左水泉院，一在寺右。二泉合流入香山的见心斋，再南流经石槽东行汇入双清别墅泉水至广润庙内方池，然后通过土墙上大石槽再汇合玉泉水。据《钦定日下旧闻考》称，两条石槽“皆凿石为槽以通水道，地势高则置槽于平地，覆以石瓦，地势下则于垣上置槽”[1]。清末，八国联军入侵北京后，西山诸园被毁，石槽失于修治而渐毁废。3. 修建通过温榆河入清河的会清河，建闸 7 座，漕运八旗军粮饷至水磨

① 于敏中等：《钦定日下旧闻考》卷一〇一《郊坰》。

沟。4. 自元代南长河成为帝后通往西郊各行宫、御苑乘舟游览的御用河道。明清强化了保护修缮，增设河旁寺庙和景观建筑。南长河又名“长河”，为古高梁河的一段河道，是向城区输水和向皇家园林供水的渠道。一般认为至迟于金代开挖，元代加以扩建并完善，成为通惠河的引水河段。起点为颐和园绣漪桥，终点为北护城河的三岔口，长 10.8 千米，中途汇金（水）河和紫竹院泉水。河道上有长春桥、麦钟桥、万寿寺码头、广源闸、白石桥（闸）、高梁闸桥等著名文物遗存。清末北京地区运河引水渠水量逐渐减少，有的趋于干涸，运河航道逐渐萎缩。到光绪二十七年（1901），因现代海运和铁路兴起，京杭大运河停止漕运，运河丧失了主要功能，整体上呈现出萎缩消亡状态。

运河的现状。大运河从隋朝形成之后，经过千年流淌，在北京地区形成了与自然河流交汇融合的北京河湖水系，是历史上影响重大的运河水源线路。萧太后河、金口河等只留遗迹，通惠河、坝河等虽然丧失了漕运功能，但仍然不同程度地发挥着排污、防洪、灌溉、景观和调节气候的作用。民国时期，政府为治理北运河，在顺义县苏庄修建了苏庄闸，实施挽归故道工程，使之保留了部分运输功能。中华人民共和国成立后，通过在北运河的上游修建十三陵水库、怀柔水库、密云水库等大中型水库，消除了不断发生的水患。与此同时，通过开挖凤港减河、运潮减河，治理平原地区河道，建闸蓄水、修建沟渠等手段，在北京的平原地区建成了十余个灌区，使大兴、通州、顺义成为北京主要粮食产区。进入新世纪后，北京地区运河的农业灌溉功能逐渐弱化，代之以防洪排涝、城市景观、生态保护等新的功能。随着新时期北京现代化建设的迅速发展，大运河文化的保护、传承、利用进入了新阶段，北京城市建设总体规划把建设大运河文化带、统筹大运河沿岸经济社会发展列入城市建设规划，这必将使祖先留给我们的这一宝贵遗产焕发生机，再现辉煌。

二、驱动力、生命线、珍宝馆

大运河曾是北京城市发展的驱动力。千百年来，北京从一个边境城市发展为举世闻名的国际性大都市，大运河做出了巨大的无可替代的贡献。有的学者把它称为“政治国脉、历史文脉、经济动脉、社会命脉和生态水脉”[①]，不无道理。

大运河成就了北京从北方重镇到陪都进而成为全国的政治中心的历史变迁。从秦、汉以来，北京作为北方的军事重镇，一直发挥着游牧经济与农耕经济沟通交流的桥梁纽带作用和北方民族与中原王朝矛盾争斗的前哨屏障作用。运河的开凿，特别是隋唐大运河的开通，使北京连线中原腹地和当时的国家政治中心洛阳，同时接通逐步繁荣昌盛的江淮地区。“发江淮以南民夫及船运黎阳（今河南浚县西南）及洛口（今河南巩义东南）诸仓米至涿郡（今北京），舳舻相次千余里”[②]，大大强化

---

① 张宝秀：“2017北京社会科学普及周暨西城区第六届社科普及周”发言，2017年9月。

② 《资治通鉴》卷一八一《隋纪五》。

了北京军事重镇的地位，也是促成辽、金把陪都和首都设立于此的重要因素。辽、金时期为巩固和扩张北京作为都城的影响，又以大力开拓运河为重要抓手，也为京杭大运河的开通做了前期的铺垫。元大都是一座重新规划建设的城市，大量的建筑物资依靠新开的金口河来运输。明、清两代的北京城，是以元大都城的中轴线为基准建设而成的。紫禁城内建筑面积 15 万平方米，房屋 9000 余间，连同社稷坛、太庙、天坛等皇家古建，所用的名贵木材等建材大多是从南方的四川、湖广、贵州等地运来，"出三峡，道江淮，涉淮泗，以输于北"[①]。山东、河南、江苏等省还承担着砖瓦烧造的任务。明嘉靖三年（1524）规定，大运河上的粮船每只带砖 96 块，民船每只带 10 块。嘉靖四年以后，还屡次谕令临清、苏州砖厂，雇民船运砖[②]。大运河将大量的建材和宫廷与军用、民用物资源源不断地运来，北京因此被称为"漂来的北京城"。

运河曾是京师立足的生命线。为了城市的繁荣稳定和都城职能的正常发挥，隋朝以来各朝代都把开挖和疏浚运河作为重大国策，投入了大量人力、物力、财力，制定了严格的管理制度，以保持运河的畅通。许多帝王常常果断决策，亲自督促检查，隋炀帝、元世祖、清康熙帝等对运河开通都有重大贡献。清康熙帝亲政之初，把平三藩、河务和漕运列为治国理政的三件大

---

① 吕毖：《明朝小史》卷三。

② 高寿仙：《明代北京营建事宜述略》，《历史档案》，2006年第4期。

南新仓

事，“书宫中柱上”[①]。这三件大事或是运河事务，或与运河密不可分。京师运转仰哺于来自各地的物资供应。“川陕豪商，吴楚大贾，飞帆一苇，径抵辇下。”特别是漕粮运输，更是都城生存发展的命脉。元代运河漕船川流不息地运漕粮到积水潭码头，最多时，一年达三百多万石。明、清时期，有些年可达四五百万石。清初学者孙承泽在所著《天府广记》就明确表述：“京师百司庶府，卫士编氓，仰哺于漕粮。”[②]运河也是北京充分发挥政治中心作用的大动脉，不仅给北京带来物质支撑，创造了城市之间、地域之间互联互通、优势互补的环境条件，也为国家统一、民族团结、文化统合、凝聚人心，发挥了国脉作用。北京的地理位置偏于国家版图的北方，古代中央政府如何管理边远、聚合族群，做到政令通达，是当政者必须优先解决的问题。有了大运河，就有了一条强化南北联系、可以及时掌控江南社会动态、发布政令、调迁军政人员的通道。正如明成化七年（1471）十月，奉命视察疏浚通惠河事宜的官员杨鼎、乔毅

① 赵尔巽等：《清史稿·靳辅传》。

② 孙承泽：《天府广记》卷一二《仓场》，北京古籍出版社，1984年。

向皇帝报告所言，运河水使“天下百官之朝觐，四方外夷之贡献，其行李方物皆得直抵都城下卸。此事举行，实天意畅快，人心欢悦，足以壮观我圣朝京师万万年太平之气象也”[①]。清代康熙和乾隆皇帝之所以能六次下江南巡视，就是因为大运河为之创造了良好的条件。这条国脉通道更是国内跨区域文化交流和中外交往的桥梁。大运河连通海河、黄河、淮河、长江和钱塘江五大水系，将底蕴深厚、风格鲜明的燕赵、齐鲁、中原、淮扬、吴越等地域文化输入京城，使京城文化吸收各地优秀文化元素，创新升华又流传到全国各地，使北京形成引领文化潮流、对全国产生强大辐射作用的文化中心。闻名于世的北京宫殿和园林建设、京剧等戏曲艺术、景泰蓝等手工艺品、烤鸭等特色美食、《北上》等文学作品，以及庙会、河灯、号子、民谣等民俗文化，都是南北文化交融的产物。大运河还是域外各国商贾、游人、传教士等来华和使团进京朝见的方便通道，强化了北京国际交往功能，促进北京成为国家国际交往中心。

大运河留下了大量的文化遗产，使北京成为展示中华灿烂历史文明的集聚地、“珍宝馆”。2014年6月，第38届世界文化遗产大会确定中国大运河项目入选《世界文化遗产名录》。大运河北京段列入其中的有河道3段：西城区境内通惠河北京旧城段——什刹海、东城区境内通惠河北京旧城段——玉河故道、通州区境内通惠河通州段；遗产点2个：西城区境内澄清上闸（万宁桥）、东城区境内澄清中闸（东不压桥）。此外，

① 《明宪宗实录》卷九七。

什刹海（前海）

还有列入国家级、市级、区级的重点文物保护的可见物质文化遗产40多项，包括河道、水源、水利工程设施、航运工程设施、古代运河设施和管理机构遗存、古遗址、古建筑、石刻等。还有丰富的非物质文化遗产，如与运河相关的手工技艺、工程技术、生活风俗、传统节日、餐饮习惯、礼仪规则和州区、乡村、街道、胡同等具有珍贵历史文化的地名等。此外，大运河历史凝练升华的文化精髓和价值观念，已成为涵养社会主义价值观念的源泉，至今影响着居民的思维方式和生活习惯。

三、保护好、传承好、利用好

大运河承载着中华民族丰富而深厚的精神内涵、悠久绵长的文化基因，记录了历史文化写不尽的厚重、壮美、辉煌。深入挖掘并激活这些珍贵的历史文化资源，保护好、传承好、利用好祖先留给我们可引以自豪的遗产，为新时代建设社会主义文化强国、实现中华民族伟大复兴提供重要支撑，是全体中华民族子孙的天然职责。2019 年 2 月，中共中央办公厅、国务院办公厅印发了《大运河文化保护传承利用规划纲要》（以下简称《规划纲要》），对大运河文化保护传承利用的重大意义、存在问题和指导思想、基本原则、功能定位、空间布局、规划分区和主要目标给以论述并作出了规定，提出了要求。《北京城市总体规划（2016 年—2035 年）》也明确：以元、明、清时期的京杭大运河为保护重点，以元代白浮泉引水沿线、通惠河、坝河和白河（今北运河）为保护主线，以北京城市副中心建设为契机，推动大运河遗产保护与利用，加强路县故城遗址保护，全面展示大运河文化魅力。同年，北京市根据中央发布的《规划纲要》和本市城市建设总体规划，制定颁布了《北京市大运

白浮泉

河文化保护传承利用实施规划》，按照科学规划、突出保护、古为今用、强化传承、优化布局、合理利用的基本原则，提出了以大运河文化遗产为载体，优先打造大运河文化带，充分展现遗存承载的文化，活化流淌伴生的文化，弘扬历史凝练的文化。明确以大运河为轴线，以列入世界文化遗产名录的点段为重点，大尺度布局文化、生态空间，以线串珠、以珠带面，构建“一河、两道、三区”的大运河文化带发展格局。

“一河”就是充分彰显大运河文化带在遗产保护、文化传承、生态环境、文化服务、旅游休闲以及带动区域合作等方面的价值，建设魅力运河、美丽运河、多彩运河和协同运河。系统梳理、多措并举，保护大运河沿线历史文化遗址遗迹，确保其历史真实性与完整性。深入挖掘、研究大运河深厚的历史文化，在重现大运河风韵的同时，植入现代文化元素，让大运河文化活起来、大运河文化带品牌树起来，使大运河彰显诱人魅力。讲好大运河历史文化故事，充分发挥相关协会、研究

通惠河

北运河

会、专家学者的作用，创造更多承载大运河历史文化精髓的精品力作。广泛开展以大运河为主题的群众性文化活动，增强大运河文化的社会认同。持续优化大运河沿线的公共文化设施布局。充分利用大运河文化带文化空间资源，培育一批有核心竞争力的文化企业，促进大运河沿线文化产业向规模化、集聚化、专业化发展。精心塑造大运河生态景观，实施河湖“减污增容”系统治理，全面提升水系水质，增加水环境容量。根据不同河段景观特色，系统绿化大运河两岸，增彩延绿，提高重要河段和节点的景观水平，营造步道、文道、绿道融合连通的文化景观廊道，建设观水、近水的滨水休闲空间，整体打造水城共生、人水亲和的大运河生态文化景观长廊，使大运河的生态环境质量得以大幅度提升，宜人美景得以充分彰显。挖掘旅游休闲资源，发展以大运河文化为主题的旅游业。拓展沿线休闲空间，促进文化体验、旅游休闲、体育健身等功能相互融合，打造大运河旅游精品，整体构建大运河旅游休闲带，增强休闲功能。开展形式多样的大运河主题文化活动，提升服务品质，提高大运河文化旅游的影响力。结合乡村振兴战略，推进沿线特色小镇、美丽乡村建设，促进遗产保护与区域发展协调统一。围绕大运河的保护传承利用，加强京津冀区域统筹协作，促进京津冀深度交融。依托大运河沿线省市历史文脉一体的优势，推动大运河沿线八省市合作交流。拓宽合作领域，创新合作模式，探索以文化带建设促进区域协同发展的新模式。

“两道”就是做好滨河绿道和游船通航河道建设。升级滨河绿道，提高大运河沿线区域绿道的连续性。重点推进京密引水渠（昌平段、海淀段）、南长河、玉河、通惠河、潮白河、北运河等六条绿道建设升级，形成贯通、便捷的大运河绿道系统。增加游船通航河道，确保通惠河部分河段、潮白河部分河段、北运河通州段实现游船通航，提升南长河旅游品质，以游船线路串联展示大运河文化生态价值。

“三区”就是进一步提升大运河新的功能建设，包括大运河文化展示区、生态景观区、疏解整治提升区。文化展示区是在白浮泉、颐和园、万寿寺、什刹海—玉河、通惠河沿线、通州古城、城市副中心等大运河文化资源密集地区，整体保护恢复遗址遗迹，促进被占用、闲置的遗产向社会公众开放，增加标志性文化节点，形成7个运河文化展示区：白浮泉大运河水源头、中国古代水利工程经典杰作等历史文化景观展示区，颐和园大运河水柜与古典园林的密切结合的古都文化展示区，万寿寺以“水上御道”串联寺、闸、行宫等珍贵遗存文化展示区，什刹海—玉河挖掘传统水系、城市园林、历史街区的深厚文化积淀的京味文化展示区，通惠河沿线打造高质量发展文化产业集群、形成创新发展带的创意文化展示区，通州古城彰显漕运枢纽历史价值的漕运文化展示区，城市副中心高水平规划建设的博物馆、剧院、图书馆等重大公共文化设施的大运河文化集中展示区。

生态景观区是构建一批运河水系、城市森林与文化遗产相结合的大型绿色开放空间，形成5个较大尺度的运河生态景观标志区：白浮瓮山河（京密引水渠）景观区，整体规划白浮瓮山河沿线景观环境，形成文化底蕴深厚的园林景观绿带；南长河公园景观区，实施南长河下游景观改造提升工程，打造大运河主题的城市滨水绿廊；大通公园—庆丰公园景观区，打造集古代漕运文化与现代创意文化于一体的文化休闲空间；潮白河森林公园景观区，在潮白河顺义段沿岸，建设大运河主题文化设施，打造潮白河生态休闲景观长廊；大运河森林公园景观区，在北运河岸边，建设水清岸绿、文景交融的特色滨水风情长廊。

疏解整治提升区是落实减量发展要求，结合“疏解整治促提升”专项行动，促进重点文物周边疏解，整治周边环境，改善整体风貌的四大片区：颐和园片区，有序腾退被占古建筑，实施棚户区改造和园外园生态环境提升工程，恢复颐和园遗产完整性和历史风貌；鼓楼西大街片区，实施鼓楼西大街整理与复兴计划，建设具有大运河特色的高品质京味文化休闲区；南锣鼓巷片区，实施风貌保护和整治复兴，修补和恢复历史文化街区风貌；管庄片区，推动小寺村整体拆迁，疏解不符合功能定位的产业业态，改善通惠河、八里桥周边地区整体环境。

近年来，北京市大运河文化带建设不断提速、成效显著，蓝绿交织、水清堰明的绿色大运河不断巩固强化，历史之河、文化之河、生态之河、民生之河作用彰显，千年运河的当代画卷铺陈开来、焕发光彩，成为首都文化建设的生动实践。白浮泉遗址恢复九龙池“龙泉漱玉”景观，大运河源头遗址公园成为网红打卡地；万寿寺古建筑修葺一新，坐落寺内的“艺术宝库”北京艺术博物馆重新开放；什刹海—玉河故道修复完成，柳林环堤、荷花千倾，京味文化浓郁，成为市民游客休闲观景佳地；燃灯塔升级“国保”，三庙一塔古建筑群实施整体保护开发，通州大运河成为北京城市副中心的鲜亮名片；张家湾古城遗址和运通桥修复完成，再现“大运河第一码头”风采；北京大运河博物馆正式建成，系统研究展陈北京大运河历史文化的“运河之舟”扬帆起航；北运河（京冀段）全线62千米实现游船通航，多条运河主题精品旅游线路激发大运河文旅活力；北京（国际）运河文化节、中国大运河文化带“京杭对话”等文化活动持续举办，重点图书《漕运三部曲》、京剧交响《京城大运河》等文化产品陆续呈现，大运河沿线文化交流更加深入。

北京是大运河的北端点，又是中华人民共和国的政治、文化、科技创新和国际交往中心。做好大运河的保护传承利用具有特殊意义，要以首善意识，率先弘扬大运河文化，为增强文化软实力，更好地构筑中国精神、中国价值、中国力量做出新的贡献。

谭烈飞

关于辞典图表配置的意见

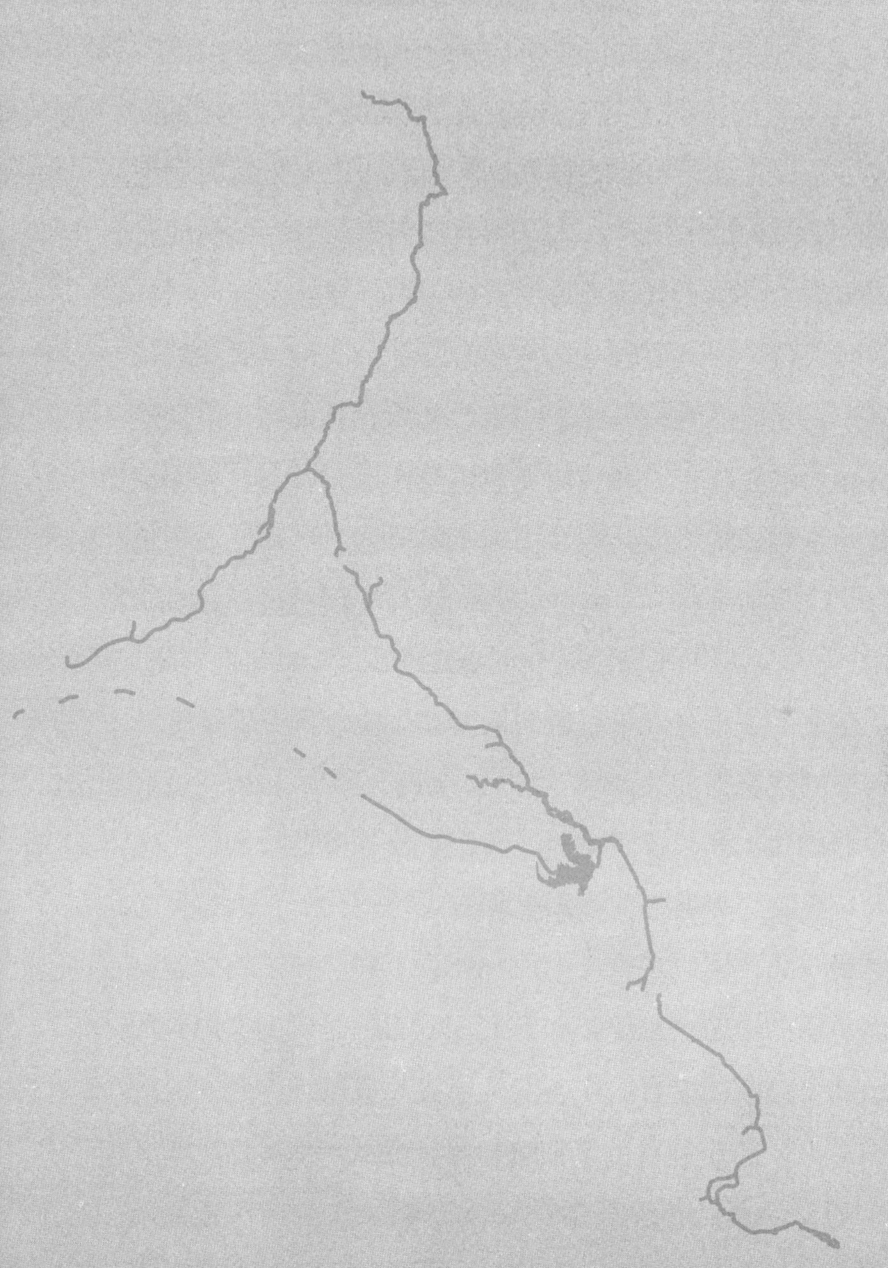

《大运河文化辞典》的编写，以文字表述为主，配之以图表。图是对事物的形象展示，表是用表格对事物分类排列的表达形式。两者都是文字表述不可或缺的辅助手段。图的应用，可使读者对著作中的人、事、地、物有一个全面的、明晰的认识，收到一目了然之效；可使文字表述的内容具象化，使抽象概念与具体形象相映衬，理性认识和感性认识相结合，加深读者对事物的理解；还可以其天然形象美，活化文字内容，美化版面形态，增强对读者的感染力、吸引力。表具有较强的概括、对比作用，可展现难以用文字或插图表述的内容；可执简驭繁，大大节约叙述的文字量；可以鲜明的对比，使读者更清晰地认识事物发展的逻辑性和关联性。总之，图表与文字相配，能起到相得益彰的作用和使读者易读、易记、易理解的效果。

《大运河文化辞典》的插图根据其反映的内容，大体可分为两类。第一类是着眼宏观、全面，使读者对辞典主题内容有比较全面认识的图像。主要是和专文相照应，是对专文内容的形象展示。可按不同内容放在与专文内容相应的地方和专文后面。如大运河全图，包括历史全图和现状全图；地域性全图，即分卷的省市域大运河全图等；也可有能反映全局性特征的微观典型性图片。这些图片，既是专文的印证，也是专文内容的延伸展示。第二类是着眼某一知识主题的微观图片，随文放置于对应条目释文中间或者后面。无论是宏观还是微观图片，主要选用三种：示意图、地图、照片。示意图是针对地图和照片难以展示或资料欠缺而又必须展示的内容，由手工绘制的图片。比如，不同时代运河水道、水系地理位置和走向的示意图，已消失的重要节点水工设施的示意图等。地图，包括古代地图、现代地图，使用较多的是运河流经的地域图和地名方位图等。照片，包括前人留下的与大运河有关联的老照片和现代对大运河遗产、大运河治理和利用的新照片等。此外，与大运河有关联的绘画或名人书画也可选用。

辞典配图应有数量限定和质量标准。首先是配备多少图片为宜。目前并无一定之规。不可过多，也不能太少，原则上应以文字内容的需求而定。比如《大运河文化辞典·北京卷》设计使用图片 100 幅左右，其中包括不可或缺的大运河全图，北京地域大运河不同时代主河道和水系的若干示意图，大运河不同时代最北端点的几座码头图照，当代保护、传承、利用业绩的照片，以及北京作为古都的一些代表性历史文化图照等。辞典是以文字为主的著述，图片只起辅助作用，如占用篇幅过多，会反客为主，使“辞典”变成“图说”；如过少，特别是缺少具有典型性、代表性的图片，也会影响辞典的知识性和吸引力。其次是如何配图。一要准确。准确地反映事物的性质和面貌，准确地与文字内容对应，准确地在辞书中占位。二要美观。在众多图片中选择那些能准确达意又美观养眼的，以充分发挥其直观引人、美化版面、滋养心灵的作用。三要平衡。内容的平衡，就是各大类内容都应配备图片，避免出现有的门类缺少图片；版面的平衡，因辞典内容是按汉字拼音编排的，图片在版面配置时，尽可能做到相对均衡，避免出现过度集中或多页无图的状况。如何把两个平衡安排妥当，是一难点，需要精心设计。此外，在工作安排上，图片的选择要和收集资料、选定条目、撰写专文同步，这样做既省时省力，又易解决文图准确对应问题，如果在文字工作完成后再选定图片，将大大增加工作量。

表有两种：一种是事类表（文字表），一种是统计表（数字表）。事类表是以形式整齐的文字表示事物发展动态的表格，或按年次，或按类别。除常用大事年表和人物表外，自然、经济、政治、文化、社会等部类，都可根据需要设表记述。此类表不用数字而用文字填写。统计表是用系统数字表述事物发展动态的表格，常用于人口统计、生产值统计、财政收支统计等。表的制作需遵循科学、实用、简练、美观的原则。一般由表题、表头、表身、表注等构成。表题即表名，表头含横表头和纵表头，表身是表的主体，表注是对表的某项事物的补充说明。表名含义应确切，表头含义应明确。表身文字应准确，所列数字与行文一致，表注文字应简明扼要。《大运河文化辞典》的条目，除特殊情况外，一般不用表格，但在专文中可以表格记述和说明事物。此外，还专门设置了《大事年表》，顺时简列自古而今的大事，起纵观全局、易查易记的作用。需要注意的是，避免把《大事年表》变成《大事记》。

（2019 年 11 月）

《大运河文化辞典·北京卷》配图方案（草稿）

《大运河文化辞典·北京卷》除了注重文字特别是条目释文的规范，还追求图文并茂，包括卷首图照、条目随文图照。视觉精美的彩色图片和手绘示意图，可以强化读者对抽象概念的认知。历史纪念意义的黑白图片及各类地图对图书有着重要意义。图文并茂的设计，也有助于增强读者对大运河整体状况和某一知识主题的理解。

一、卷首彩图配置

卷首彩图是对事物的形象展示，具有美化图书、增强观感的效果。这些图照可以使读者对大运河形成初步的感知和认识，能为进一步深入阅读大运河文化条目起到先导作用。

（一）基本设计

初步按 1 个印张设计，彩页 16 面，编排在扉页之前。具体配置如下：

a. 中国大运河河段及流经省市示意图，占 1 面；

b. 中国大运河沿线地理形势图，占 1 面；

c. 大运河北京段流经示意图，占 1 面；

d. 元代通惠河二十四闸示意图，占 1 面；

剩余页面，按一面多幅配置，如大运河河道示意图、燃灯塔、什刹海、南新仓文化休闲街、西海子公园、昆明湖铜牛等。

（二）图照选辑

本着九大类别都有涉及、多角度呈现运河文化的原则，初步选定代表性图照60幅。最后采纳多少幅（可替换），以获取的图照资源为准。

【水道水系类】

白浮泉

昆明湖

通惠河

潮白河

温榆河

永定河

昆玉河

北运河

萧太后河

南长河

什刹海

通州运河万舟骈集

【水工设施类】

卢沟桥

绣漪桥

十七孔桥

万宁桥

大通桥旧貌

八里桥

通运桥

温榆河大桥

邓家窑大桥

东关大桥

平津闸石碑

土坝码头

漕运码头牌楼

【运河与运营管理类】

仓场总署衙门

京密引水渠绿道

【运河地名类】

前门西河沿

皇木厂村

白米斜街

【运河经济类】

金丝楠木

东便门漕运码头公园

花斑石

庆丰公园

南新仓文化休闲街

西海子公园

北运河通航

大运河森林公园

【运河文化类】

景泰蓝

《运》（舞剧）

花丝镶嵌

《蒲柳人家》（小说）

郭守敬纪念馆

《运河文库》

《漕运码头》

【运河文物类】

土桥镇水兽

大光楼（复建）

通惠河畔牌楼

通州清真寺

燃灯塔

军粮经纪密符扇

【运河人物与历史事件类】

郭守敬塑像

侯仁之

刘绍棠

浩然

运河三老

【综合类】

《通粮厅志》

《通惠河志》

《北京古运河与城市供水研究》

《北京历史地图集》

《北京漕运和仓场》

“京杭大运河遗产保护出版工程”丛书

二、条目随文图照配置

条目随文插图要求以图补文，以图释文，目的是便于读者更直观地解读文字，同时也在一定程度上活跃和美化版面。选用上，不仅要有示意图、地图，还应该有照片。配置上，尽可能做到相对均匀，防止过于集中，避免出现前半部分有图，后半部分无图，或扎堆于中间部分而前后无图的情况，因此要注意 A ~ Z 字头的合理分配。

（一）基本原则

1. 所配图照应具有知识性、艺术性，要求图文相符，且具有代表性、典型性。

2. 配置上要求条目与图照对应，版面上基本呈上下排列：先条目，后图照。

3. 鉴于辞典是左右二栏排版，图幅不宜太大（特殊除外），尽可能依据版式（栏）大小调整图幅，以图照内容清晰、视觉舒适为佳，必要时可跨栏。

4. 根据条目释文需要，一个条目配置一幅图照，一般不设组图。

5. 所配图照如历史图，须标明拍摄时间，必要时标注图照来源。

（二）图照选辑

按字头顺序排列：（格式为“前条目＋后图题”）

B

b1 白浮瓮山河——白浮瓮山河行经路线推测图；白浮堰位置示意图

b2 白河——白河古道示意图

b3 北运河——北运河流域示意图

b4 北运河治理——北运河治理示意图

b5 北关闸——通州北关闸水利枢纽

b6《北京泉志》——《北京泉志》

b7 北新仓——北新仓

C

c1 曹雪芹墓——曹雪芹墓碑

c2 莒蒲河——莒蒲河公园

c3 潮白河——潮白河出山河道变迁示意图

c4 车箱渠——车箱渠与永定河故道、高梁河关系图

c5 澄清闸——元代澄清三闸位置示意图

c6 船板胡同——船板胡同

D

d1 大通河——明代的大通河示意图

d2 大运中仓——通州中仓残留的墙壁

d3 德胜桥——德胜桥

d4 东不压桥——东不压桥考古遗址

d5 都龙王庙——都龙王庙大殿景观

F

f1 阜通七坝——元代坝河七坝推测位置示意图

G

g1 甘棠闸——甘棠闸航拍图

g2 高梁河——高梁河引水漕运示意图

g3 高梁桥——高梁桥遗址

g4 广源闸——广源闸遗址

g5 管河通判署——原衙署大门处雌狮（雄狮无存）

g6 郭守敬——什刹西海湿地郭守敬塑像

H

h1 海运仓胡同——海运仓小区

h2 河南村橡胶坝——1992 年建成的顺义河南村橡胶坝

h3 黑龙潭龙王庙——黑龙潭

h4 葫芦头遗址——葫芦头历史影像

h5 浑河——明永定河下游河道变迁略图

h6 汇通祠——汇通祠镇水兽

J

j1 金口河（元）——金口河、金口新河渠首段推测位置示意图

j2 金口新河——金口新河下游推测图

j3 京密引水渠——京密引水工程位置图

K

k1 昆明湖——清代昆明湖水源及闸坝示意图

L

l1 戾陵堰——戾陵堰工程布置与结构示意图

l2 琉球国墓——琉球国墓地遗址

l3 楼梓庄村——楼梓庄闸

l4 禄米仓胡同——智化寺

l5 路县故城遗址考古——路城考古遗址

M

m1 麦钟桥——古麦钟桥遗址

N

n1 南新仓（清）——南新仓遗址

n2 南长河公园——公园内元大都城水利图

P

p1 平津闸——平津上闸遗址

p2 普济闸——普济闸遗址

Q

q1 青龙闸——青龙桥

q2 庆丰闸——庆丰闸遗址

S

s1 三义庙——三义庙东碑

s2 什刹海——什刹前海金锭桥

s3《神木谣》碑——《神木谣》碑

s4 石权——石权

s5 双塔漕渠——双塔河位置示意图

T

t1 汀州会馆——市文保单位福建汀州会馆北馆

t2 通惠河（清）——清代通惠河及月河闸坝位置复原图

t3 通州古城——清代通州水道全图

t4 通惠河二十四闸——元代通惠河二十四闸位置示意图

t5 太平湖——太平湖埋平示意图

t6 通州运河文化庙会——通州运河文化庙会

W

w1 洼里龙王庙——洼里龙王庙

w2 万宁桥——万宁桥边镇水兽

w3 万寿寺——万寿寺内“慈禧太后梳妆楼”

w4 王德常去思碑——碑额“太中大夫京畿都漕运使王公去思碑”

w5 温榆河——温榆河历代通漕路线示意图

w6 温榆河治理——温榆河治理示意图

w7 文明闸——元代文明门外附近河道闸坝位置示意图

X

x1 西湖——元明西湖位置推测图

x2 西山引水石槽——清代昆明湖水源及闸坝示意图

x3 萧太后运粮河——萧太后河示意图

Y

y1 永定河——北京西山山前平原永定河古河道示意图

y2 永济渠——永济渠示意图

y3 玉渊潭——玉渊潭水系示意图

y4 玉河——玉河古河道遗址

y5 玉河庵——玉河庵

y6 烟袋斜街——烟袋斜街标识牌

y7 运河龙灯会——漷县张庄村龙灯会

y8 佑民观——里二泗佑民观

y9 颐和园——颐和园“水木自亲”码头

y10 银锭桥——前海、后海连接处的银锭桥

Z

z1 张家湾博物馆——张家湾博物馆大厅

z2 张家湾城墙遗迹——张家湾城墙遗址城门

z3 张家湾镇——漕运古镇张家湾

z4 张一元茶庄——张一元茶庄前门店

z5 赵公去思碑——同知都漕运司事赵公去思碑

z6 正阳门东水关——被印度士兵破坏的水关

z7 紫竹院行宫——紫竹禅院

（肖士财同志起草）

关于编制《大事年表》的意见

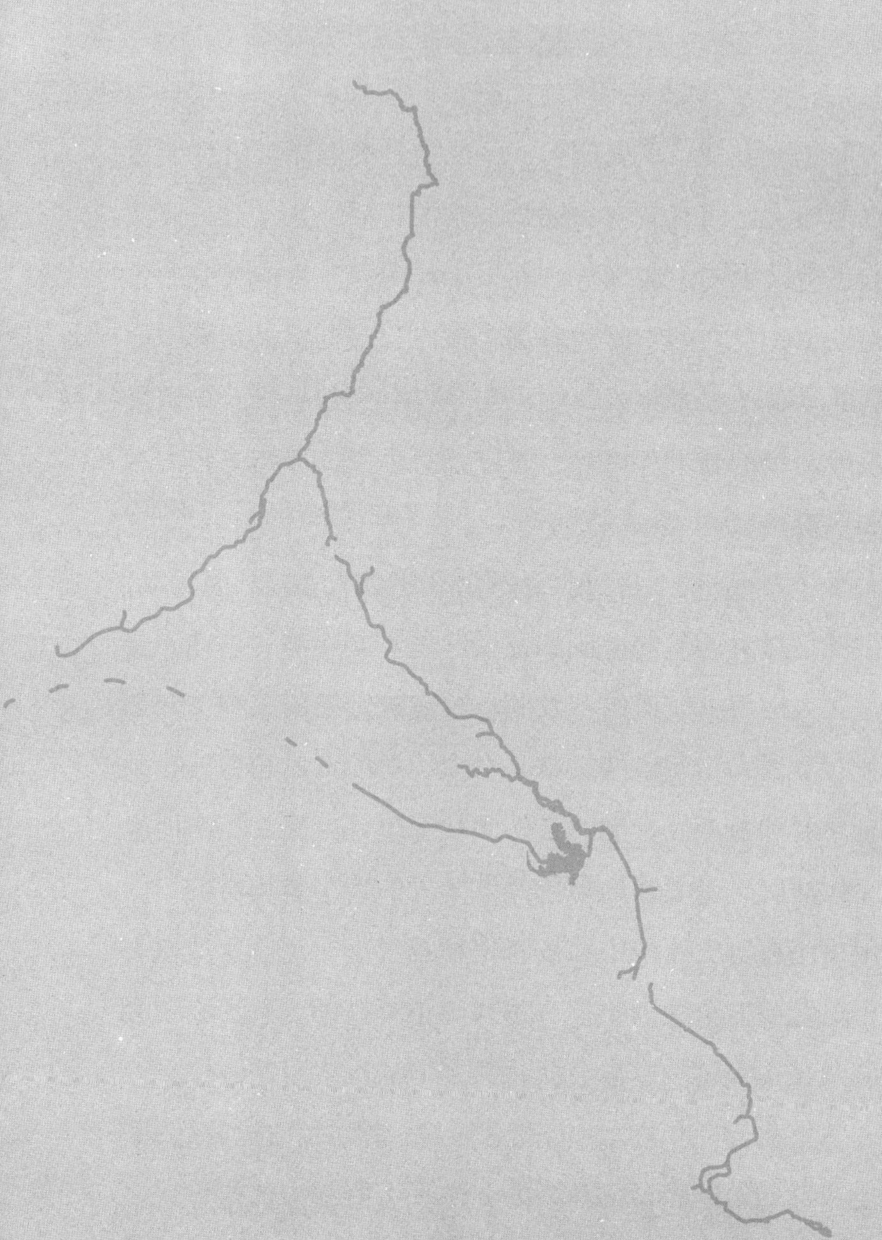

《大事年表》是以列表形式，按历史发展顺序，排列大运河自身以及与大运河有紧密关联的大事的文稿，是《大运河文化辞典》不可缺少的组成部分。如果说作为辞典主体部分的条目主要是以事物存在的空间为基础，横向分门别类去结构、去展示内容的话，《大事年表》则主要是以时间为主线，纵向展示事物发展历史的要事和结点，是以条目为主的辞典内容的必要补充和照应。

《大事年表》所记，应是大运河文化中的大事。所谓大事，原则上讲就是对大运河的形成和发展起过重要影响的事件。具体讲就是对大运河主航道的开发和运行有决定性的工程、开创性的变革、重要人物所做的贡献、对大运河的形成和发展有某时段的全局性和节点性影响的自然和社会事件，因大运河而生而变与大运河有紧密关联的事物等。事件的大小是相对的，内容的选用，应在历史比较中，按特定篇幅容量而定。要从通观大运河历史发展的全局去比较去选择。不可过细，过细不仅会使内容庞杂、文稿过长，也会淡化甚至掩盖重大事物。

《大事年表》的写法，应以大运河为主线，按大运河起源、形成历史和发展的时序，逐一列条，从现有资料中选取可记之事，然后在比较中补充删改。补充和删改时应和正文条目对应，重点条目的内容不可或缺，条目未涉及的一般不取，既不遗漏重要内容，又要防止与正文条目内容矛盾。每一条的内容都应以精准的表述、精短的文字点到为止，不可展开叙述。不可把《大事年表》写成《大事记》。“记”和“表”是两种不同体例。“记”要完整地记事，虽然也要精练，但应有头有尾，有发生原因，有发展过程，有结果和影响。“表”对事物的记述，只要求点到为止，不要求全面展示，每条文字简洁明了，字数不可太长，做到不断、不乱，上下能接续，左右有呼应。

（2020 年 2 月）

附

《大运河文化辞典·北京卷·大事年表》（定稿）

秦汉时期

秦	·秦始皇北征匈奴时，从山东黄、腄、琅邪出发，通过海运往北运粮草，然后利用北河转运。
东汉建武十三年（37）	·上谷郡太守王霸上书开温余水以通漕运，燕南物资可直抵居庸关山口。
东汉建安十一年（206）	·曹操开凿平虏渠、泉州渠，后沟河水运的范围和规模扩大。

魏晋南北朝时期

魏嘉平二年（250）	·镇北将军刘靖组织军士在幽州梁山（石景山）修凿戾陵堰，开车箱渠，引水（永定河）入高梁河。
魏景元三年（262）	·谒者樊晨对戾陵堰水门进行改造，减少了引水量。
晋元康五年（295）	·宁朔将军刘弘（刘靖之子）扩修戾陵堰、车箱渠。
北魏神龟二年（519）	·幽州刺史裴延俊修复车箱渠。

隋唐时期

隋大业四年（608）	·隋炀帝下令开挖永济渠，北通涿郡（北京），以通漕运。
隋大业七年（611）	·隋炀帝为征辽东，渡河入永济渠，从江都达涿郡，斋于临朔宫怀荒殿。
唐贞观七年（633）	·复建北周土塔（燃灯塔）。会昌五年（845）再毁。辽重熙年间在其旧基敕建砖塔。
唐贞观十八年（644）	·唐太宗李世民准备东征高句丽、百济，以幽州为供输基地，调运河北诸州粮食至辽水前线，600余艘船自幽州下桑干河东进。

辽金时期

辽乾亨四年（982）	·耶律隆绪即位，萧太后奉遗诏摄政。执政期间，开运粮河，被称为萧太后运粮河。
金天德三年（1151）	·潞县升为通州，取“漕运通济”之意。 ·开始利用潞水实行漕运。

	·完颜亮迁都燕京。贞元元年（1153）改燕京为中都，中都城在辽南京城旧址扩建而成。
金贞元元年（1153）	·实行漕运制度（纲运法），将华北平原北部的物资运往中都。
金大定五年（1165）	·侍郎曹望之疏浚高梁河东段北支河道，开通白莲潭至通州运河，史称漕渠。
金大定十一年（1171）	·开金口河。“议决卢沟以通京师漕运”，在石景山北麓开凿金口。
金大定二十七年(1187)	·金口闸被卢沟河急流冲毁，金政府将金口河堵塞。
金泰和五年（1205）	·金章宗采纳韩玉建议引玉泉山泉水，开潞水漕渠。次年，通州至中都的运河开通，金章宗赐名“通济河”，民间习称“闸河”。
金贞祐二年（1214）	·金宣宗迁都汴京，闸河逐渐荒废。

元朝

蒙古中统三年（1262）	·郭守敬向忽必烈面陈“水利六事”，提出引玉泉山水修复漕运河道等建议，获忽必烈赞赏。
蒙古至元元年（1264）	·都元帅阿海率军疏双塔漕渠，用于向昌平地区驻军输送漕粮。
蒙古至元二年（1265）	·郭守敬提出重开金口河，引浑河（永定河）水入燕京，“以漕西山木石”，为修建大都城运输建筑材料。 ·漕运河渠司改置都水监，是主管河渠与水运的中央机构。
元至元十一年（1274）	·郭守敬主持开凿金水河，引玉泉山泉水向大都皇城供水。
元至元十六年（1279）	·开通大都至通州的北线运河——坝河。在坝河建千斯、常庆、郭村、西阳、郑村、王村、深沟7坝调节水位，实施漕运至元朝末年。
元至元十九年（1282）	·元政府开始海道漕运，罗璧与朱清、张瑄把漕粮由海路经直沽（天津），再经白河运至大都。 ·在通州城东北部设户部京畿都漕运使分司署，管理通惠河、坝河转漕事宜。

元至元二十二年（1285） ·建万宁桥，是漕船进入积水潭码头的必经之处。

元至元二十六年（1289） ·建广源上闸。至元二十九年（1292）建广源下闸。有“通惠河第一闸”之称。

元至元二十八年（1291） ·郭守敬奏请开通州至大都的运河得到批准，再任都水监，主持运河开凿。

元至元二十九年（1292） ·郭守敬主持开凿的运河工程开工。三十年竣工，忽必烈赐名“通惠河”。此后，漕船沿河直通积水潭。

·建籍东闸、通州闸、郊亭闸。

元至元三十年（1293） ·郭守敬主持引白浮泉水及西山诸水与金代的引水渠接通并加以扩宽，建成通惠河的引水河段。

·建广利桥，该桥是张家湾通往大都城大道上的重要桥梁。

元至元三十一年（1294） ·置通惠河运粮千户所，专门掌管新完工通惠河漕运。

元元贞元年（1295） ·通惠河诸闸易名。西城闸更名为会川闸，魏村闸更名为惠和闸，海子闸更名为澄清闸，籍东闸更名为庆丰闸，通州闸更名为通流闸，河门闸更名为广利闸。

元大德三年（1299） ·都水监罗璧主持对坝河进行整治后，坝河成为与通惠河南北并列的大都至通州的两条重要运道。

·兵部在通州设巡防捕盗司，保护漕运河道和漕粮运输安全。

元至大四年（1311） ·开始改通惠河诸木闸为砖石闸。

元延祐六年（1319） ·积水潭聚西北诸泉水，流入都城汪洋如海，故又名海子。

元至治三年（1323） ·建通惠河闸 19 座。

元至正二年（1342） ·重开金口运河，历时 4 个月，以失败告终。倡议者孛罗帖木儿和傅佐被御史纠劾而获死罪。

明朝

明洪武元年（1368） ·徐达等率领数十万明军沿大运河北上。同年，攻克通州、大都。

·燕山侯孙兴祖镇守通州修筑城池。

明洪武六年（1373） ·在密云边关设古北口仓、龙庆仓，在昌平居庸关设军仓。

明建文元年（1399） ·朱棣发动靖难之役，取得郑村坝之战胜利后，解北平城之围。二年率军沿大运河南下。四年攻入南京，朱棣即帝位。

明永乐元年（1403）	·改北平为北京。迁浙江等九省、苏州等十府富民充实北京。命平江伯陈瑄总督漕运，在通州等地建仓储粮。
明永乐二年（1404）	·仿元代海运万户府之制置漕运总兵官，首任漕运总兵官是平江伯陈瑄。
明永乐四年（1406）	·议迁都北京，始建北京宫殿。 ·在张家湾设皇木厂。
明永乐七年（1409）	·南新仓、旧太仓在元代北太仓的旧基上建成。
明永乐九年（1411）	·工部尚书宋礼开会通河，历时 200 天工成，罢海运，漕运北京。
明永乐十二年（1414）	·在元代太液池的基础上向南扩挖出南海。
明永乐十三年（1415）	·疏通京杭大运河全线，专营河运。
明永乐十五年（1417）	·苏禄国三王（东王、西王和峒王）率团 300 余人沿运河进京。返回途中，东王病逝于山东德州。
明永乐十六年（1418）	·沿坝河建坝上、义和、北高岸（高安屯）、石桥等 7 座粮仓。
明永乐十七年（1419）	·北京城南城墙南移，通惠河出文明门的泡子河被圈入城内，在内城东南角形成宽阔的水面。
明宣德五年（1430）	·朝廷命户部尚书李昶专门管理通州仓场。
明宣德六年（1431）	·漕运总兵官陈瑄建议，改行兑运法。 ·通惠河城内河道皇城东侧段被圈入皇城内，成为排水、供给灭火水源的皇城城内河道，故名“御河”。
明宣德七年（1432）	·澄清中、下闸废弃。
明正统元年（1436）	·明英宗赐潞河名“通济河”，又称“外河”（相对通惠河的“里河”）。 ·定通州城粮仓名，分别为大运西仓、大运中仓、大运东仓。 ·修京师九门城楼。
明正统三年（1438）	·建大通桥、大通闸、大通桥码头。大通桥成为通惠河的新起点，故通惠河又称“大通河”。 ·阮安奉命整修通济河，竣工后，杨士奇撰《通济河碑记》。 ·总督仓场公署（初位于东直门内旧太仓）移建于表背

胡同（清乾隆时改称禄米仓胡同），是管理京、通二仓的最高管理机构。

明正统十年（1445）　·在东直门内设立海运仓、北新仓，两仓连为一体，时为京城最大的粮仓。

明正统十一年（1446）　·工部右侍郎王永和督工，建成永通桥（俗称“八里桥”），明英宗赐名。

明正统十二年（1447）　·在南沙河（沙河镇段）修安济桥，桥旁有驻军和仓房，水运物资由此上岸。

明正统十四年（1449）　·粮储太监李德和通州指挥使陈信奏请修筑通州新城，以护漕仓。

明景泰元年（1450）　·在通州建衙署，户部总督仓场尚书巡视通州时在此居住，故称尚书馆。

明天顺四年（1460）　·在通州新城南门内西侧建大运南仓。

明成化七年（1471）　·漕运都御史滕昭推行改兑法。十年，成为定制。从此漕运由民运转变为军运。

明成化八年（1472）　·实行改兑法，漕粮分为正兑米和改兑米，定每年漕粮额数为 400 万石，其中正兑米 330 万石，改兑米 70 万石。

明成化十一年（1475）　·增设工部专理河道官一人，主管通惠河河道，隶属于工部。

明成化十二年（1476）　·通惠河疏浚后，漕船自张家湾直抵东便门外大通桥。

明弘治六年（1493）　·京师九门课税的职责“统于崇文一司”，崇文门税关成为京师的总税务机构，南方来的物资主要在此纳税。

明弘治九年（1496）　·王琼著《漕河图志》成书，此书是中国最早有关京杭大运河的专著。

明弘治十七年（1504）　·以永昌寺旧址改建粮仓。正德五年（1510）赐名“太平仓”。

明正德二年（1507）　·在通惠河各闸增开月河，在月河进水口处设有滚水坝。

·郝海等疏浚通惠河河道，修闸 12 座，建坝 41 座。

明嘉靖七年（1528）　·吴仲疏浚通惠河，修造大通桥至通州一带桥梁、闸坝、堤岸、官厅、厂房等。此次疏浚，打开了通州城北金代闸河下游旧道，使通惠河由通州城北门外入白河。

	·在通州旧城北门外、东门外分别建有石坝码头、土坝码头。石坝码头旁的大光楼，是专门为户部官员在通州漕运码头上验收漕粮而设的办公楼，故也称“验粮楼”。
明嘉靖八年（1529）	·为了津、通间运河的通漕，修缮闸坝、培护堤岸、疏浚水道，工部特在通州旧城内建立都水分司（又称“司空分署”）。
	·定差御史一人提督京、通二仓收放粮斛，兼理通惠河事务。
明嘉靖九年（1530）	·吴仲所撰《通惠河志》成书。十二年刊行。
明嘉靖十四年（1535）	·改忠瑞馆为坐粮厅，隶属户部。
	·朝廷取消太监参与漕务、仓务后，将监督主事公署的太监与坐粮厅的太监一并裁撤，委派户部主事在此办理仓场事宜。
明嘉靖十九年（1540）	·南、北沙河渡口之间以行宫为中心，修筑巩华城。巩华城建后，西门外商业街开始形成。
明嘉靖二十七年（1548）	·都察院巡仓御史阮鹗创建通惠书院，该书院是通州最早的书院。
明嘉靖二十八年（1549）	·汪有执主持、杨行中纂修的《通州志略》刊行，是通州存世最早的一部方志。
明嘉靖三十二年（1553）	·修筑北京城外城后，龙须沟成为外城内河流，流入外城南护城河。
明嘉靖三十四年（1555）	·蓟辽总督杨博疏请开白河以济粮运，实施“引白壮潮”工程，在杨家庄（十里堡杨辛庄）开挖白河新河口，于密云城西南与潮河相汇。
明嘉靖四十年（1561）	·禄米仓在元代北太仓的基础上修建，为明代存储京官俸米（又称“禄米”）的粮仓。
明嘉靖四十三年（1564）	·为保卫北京和漕运要道，抢筑张家湾城。
明隆庆四年（1570）	·修复朝阳门外旧河（又称“通惠河北支”），使搬运漕粮入仓更加近便。
明隆庆六年（1572）	·蓟辽总督刘应节在顺天巡抚杨兆的协助下，发军卒3000人重兴温榆河漕运。
	·曹维新督修“邀潮入白”（明人也称“遏潮壮白”）工程，

	明代后期的密云水道及其下游北运河航运大为通畅。
	·蓟辽总督刘应节、巡抚都御史杨兆议于巩华城外安济桥起，至通州渡口止，疏通昌平河。
明万历六年（1578）	·工部郎中李熹奏请朝廷重建通州古城北门外土桥，建成后万历帝赐名“通济”。
明万历二十二年（1594）	·户部郎中于仕廉疏通东护城河，建新闸，形成水运路线。
	·户部郎中于仕廉引通惠河水自通州新城外南流，形成通州南护城河，漕船可沿这条水道将土坝漕粮运至通仓。
明万历三十一年（1605）	·在张家湾萧太后河上建成石桥，万历帝赐名“通运桥”，俗称“萧太后桥”。
	·周之翰纂修的《通粮厅志》刻本。该志对研究北京乃至京杭大运河沿途的经济文化具有重要的参考价值。
	·设石坝州判衙门、土坝州判衙门，管理北运河上石坝、土坝。

清朝

清顺治十三年（1656）	·第一次访华的荷兰使团抵达张家湾，礼部官员在和合驿接待使团。
清康熙十七年（1678）	·白河与温榆河复于通州城东北分而南流，建浮桥（北关闸东闸处），方便陆路通行。
清康熙二十三年（1684）	·康熙帝首次南巡回京后，以清华园旧址为基础仿江南山水兴建畅春园，由江南造园家张然和画家叶洮共同主持规划设计，同时整修万泉河水系，将河水引入园中。
清康熙二十九年（1690）	·重修天安门外金水桥，形成金水桥基本形制。
清康熙三十年（1691）	·王翚带学生杨晋等进京，绘制《康熙南巡图》。
清康熙三十四年（1695）	·潞河驿归并张家湾和合驿。
清康熙三十六年（1697）	·挑浚护城河，增设朝阳门、东直门水关，引大通桥下漕船直达朝阳门、东直门。
	·在通州天桥湾北葫芦头嘴处，建减水闸，俗称“响闸”。
清康熙三十七年（1698）	·治理浑河水患，成功后，康熙帝赐名“永定河”。
清康熙四十一年（1702）	·河道总督张鹏翮编绘《运河全图》，描绘了北起京师

	北京，南抵杭州钱塘江的京杭大运河。
清康熙四十六年（1707）	· 康熙帝第六次南巡。 · 建本裕仓，为供应护卫西郊皇家园林的八旗驻军的食粮俸饷和非常时期平粜粮价之用。 · 开会清河，连接通州石坝至清河航线，是水运八旗驻军粮饷和三山五园修建物资的重要航道。
清康熙五十八年（1719）	· 琉球国副贡使、正议大夫杨联桂（汉名）在北京病故，葬于张家湾。
清康熙五十九年（1720）	· 仓场总督张仪朝、知州朱英创办潞河书院（儒学）。
清雍正四年（1726）	· 允祥受命治理京畿水利、运河，分诸河道为四部分，始有“北运河”之名。
清雍正六年（1728）	· 在东便门外建裕丰仓。
清雍正七年（1729）	· 修铺朝阳门至通州城的石道，便于入京漕粮的陆路运输。 · 建丰益仓，为供应护卫西郊皇家园林的八旗驻军的食粮俸饷和非常时期平粜粮价之用。
清雍正十二年（1734）	· 始纂《钦定户部漕运全书》。嘉庆十七年（1812）始由户部刊刻成书，是清代官修漕运文献。
清乾隆三年（1738）	· 疏浚东便门护城河，以利漕运。
清乾隆十五年（1750）	· 绣漪桥建成，是连接东堤与西堤、长河与昆明湖的水陆交通要道。
清乾隆二十三年（1758）	· 御制《神木谣》碑并建亭。
清乾隆二十五年（1760）	· 实行每十年大规模挑浚河道一次的制度，即大修制度。
清乾隆二十六年（1761）	· 重修什刹海西海北岸镇水观音寺（始建于明代），乾隆帝赐名“汇通祠”。
清乾隆三十四年（1769）	· 杨锡绂编纂的《漕运则例纂》成书，是清代记载漕运制度的书籍。
清乾隆三十八年（1773）	· 南旱河开挖，是北京地区防汛的重点河道之一。 · 开香山引河（又称“东南池水河”）汇入玉渊潭，由玉渊潭三孔闸流出，经城西三里河在西便门外汇入护城河。 · 温榆河大水，通州域内温榆河河道东徙，在富河村（通

州富豪村）南汇入潮白河。同时潮白河也被冲东移，与原温榆河的汇合点从北关附近南移至通州城东南的东岳庙一带。

清乾隆四十一年（1776） · 宫廷画家徐扬完成纸本设色《乾隆南巡图》。

清乾隆四十五年（1780） · 乾隆帝第五次南巡，沿途各地方的戏曲班子会集到扬州献演，为促成徽班进京奠定了基础。

清乾隆四十七年（1782） · 二龙闸建成，是东堤上唯一一座分水闸口。

清乾隆四十八年（1783） · 高天凤修、金梅等纂的《通州志》刊刻，是通州旧志中介绍通州大运河文化有代表性的一部旧志。

清乾隆四十九年（1784） · 乾隆帝第六次南巡，是清帝的最后一次南巡。

清乾隆五十五年（1790） · 为准备庆祝乾隆帝80岁寿辰，三庆班从扬州登船，沿大运河到达北京，是徽班进京的开始。

清乾隆五十六年（1791） · 乾隆帝立《正阳桥疏渠记》御碑，碑文记载北京水道情况及天桥河渠的整修情况。

清乾隆五十八年（1793） · 英国马戛尔尼使团军舰抵大沽口，换船沿北运河赴京城。后沿京杭大运河南下杭州，从陆路至广州出境。

清嘉庆六年（1801） · 通州大水，北运河在永顺镇大棚村东、潞阳桥附近决口，在原河道北沿康家沟湍流形成新河道。

清嘉庆十三年（1808） · 因北运河张家湾正河淤浅，漕船改走康家沟新河道。

清道光五年（1825） · 大挑通惠河，修堤坝，保证了二三十年的船只运行。

清同治十三年（1874） · 直隶总督李鸿章主持修筑在潮白河东岸长堤、李公护堤。

· 浙江漕运总局、江苏漕运总局建立，为通州古城特有的处理漕粮事务会馆。

清光绪五年（1879） · 直隶总督李鸿章派候补道史克宽修治被潮白河冲成三道河沟的温榆河，“使潮白、榆河各归故道”。

清光绪七年（1881） · 《清代京杭运河全图》开始绘制。二十七年完成，对研究清代运河水利工程、河湖变迁、地理等具有重要参考价值。

清光绪十四年（1888） · 清漪园重建后改名颐和园。

清光绪二十七年（1901） · 漕运制度废止，北运河停漕，漕粮改由铁路运送京仓，通州仓场废弃。

清光绪三十一年（1905） · 修建京张铁路西直门站，将长河过高梁桥向东汇入北护城河段河改道，形成“几”字形，始有“转河”之称。

中华民国时期

1922 年 · 在苏庄东北修建苏庄泄水闸，同时在潮白河西岸修建进水闸及引渠。1925 年竣工。

1939 年 · 潮白河改道东移，不再成为北运河上游，形成现代潮白河水系。

中华人民共和国时期

1950 年 · 疏浚凤河东大屯至大回城段，开挖凤河下段，凤河始有固定河道。

· 月牙河改为暗沟，积水潭水直接进入后海，结束了水倒流状况。

· 对三海疏浚，整修护岸闸门，整建万字廊水道等工程。

· 疏浚北长河，培垫堤岸，建玉泉闸和颐和闸。

1956 年 · 修建永定河引水渠，利用了南旱河双槐树以下河段，至西便门甘雨桥。

1957 年 · 双紫支渠建成，永定河引水渠通过双紫支渠经紫竹院湖向长河补水。

1958 年 · 高碑店湖（高碑店水库）修建。

· 十三陵水库、怀柔水库建成。

1960 年 · 密云水库、沙河水库建成，沙河水库建成后，其主坝成为温榆河起点。

· 高碑店污水处理厂建成，对通惠河水质改善有重要作用。

1961 年 · 京密引水渠一期完工。

1963 年 · 北运河二道闸竣工，分洪闸成为北运河与温榆河的新分界线。

1966 年 · 京密引水渠二期工程竣工，在罗道庄处与永定河引水渠交汇。

1971 年 · 北运河补充规划小组对北运河全线的防洪防涝、输水进行全面勘察研究，提出《北运河补充规划报告》。

1973 年 · 北运河管理处成立。

1979 年 · 由通州区文学艺术界联合会主办大运河文学刊物《运

河》创刊。

1981 年 · 根据《通惠河规划报告》于旧闸北另建高碑店闸，1984 年建成。

1982 年 · 北京市水利规划设计研究院编制《北运河系防洪补充规划报告》。

1985 年 · 罗哲文与单士元、郑孝燮参加《保护世界文化和自然遗产公约》申报工作，在提出长城申遗时，与郑孝燮共同提出运河也要申遗。

· 重修燃灯塔，塔刹增高 5 米，补铸铜铃，增设避雷针。

1986 年 · 中央电视台出品大运河题材人文纪录片《话说运河》。

1987 年 · 在通惠河卧虎桥南端附近出土大量城砖和花岗岩条石等石坝码漕头遗物。

1988 年 · 位于什刹海西海湿地公园北岸汇通祠内的郭守敬纪念馆建成开放。

1991 年 · 通州博物馆建成，馆藏军粮经纪密符扇、《京鲁段运河源流图》、运河出土瓷片、漕运布告等运河文物。

· 金中都水关遗址被发掘，考定是中都南城墙下的水道建筑，城内河水由此入护城河。

1997 年 · “运河之子”刘绍棠逝世。

1998 年 · 疏浚长河时，发现古麦钟桥遗址。

· 土桥下的通惠河故道被填塞，桥洞、记事碑被掩埋，将镇水兽从雁翅上升至地面。

1999 年 · 在昆明湖至玉渊潭段开通昆玉河旅游观光航线。

2000 年 · 城市河湖管理处成立。

· 梨园镇孙王场村南老河道发现一艘古代沉船，对研究运河河道变迁有较大意义。

2001 年 · 北京市文史研究馆与通州区人民政府共同主办“北京通州首届运河文化研讨会”。

2002 年 · 玉河故道东侧皇城根遗址公园建成开园。

· 北京市水利规划设计院完成《潮白河水系综合整治规划报告》。

· 重修通运桥。

2003 年 · 通州区北运河生态景区建设。

2004 年 · 建潮白河森林公园。该公园景观区是《北京市大运河文化保护传承利用实施规划》明确打造的运河生态景观标志区之一。

2005 年 · 罗哲文与郑孝燮、朱炳仁联名向京杭大运河沿岸18个城市的市长发出《关于加快京杭大运河遗产保护和“申遗”工作的信》，呼吁加快京杭大运河申报物质文化和非物质文化两大遗产的工作进程，揭开了大运河申遗的序幕。

· 北运河东关大桥改扩建工程开工。次年通车。

2006 年 · 中国京杭大运河文化遗产保护与可持续发展高峰论坛举办，论坛讨论并通过了《通州宣言》。

· 通惠河北京旧城段（玉河故道）作为京杭大运河一部分，被列为全国重点文物保护单位；启动玉河遗址考古和玉河恢复工程。

· 通州运河船工号子被列入北京市级首批非物质文化遗产名录。

· 通州区运河文化广场建成开放。同年，中国（北京通州）京杭大运河文化节开幕式暨“欢乐中国行”大型文艺晚会在运河广场举行。

2007 年 · 通州区玉带河大桥（上营大桥）竣工通车。

· 通州区“运河水上游”在运河文化广场举行启动仪式。

2008 年 · 大运河翰林民俗博物馆由企业家谷建华发起成立，是通州区第一家民营博物馆。

2009 年 · 北京市政府批准实施《北运河流域水系综合治理规划》方案。

· “中国记忆——中国文化遗产日大型直播行动”举行，全国首条遗产小道“大运河遗产小道”通州段路标举行揭幕仪式。

· 首届“北京·通州运河文化艺术节”在通州运河文化广场开幕。

2010 年 · 大运河森林公园建成开放。该公园是《北京市大运河文化保护传承利用实施规划》明确打造的运河生态景观标志区之一。

·“综合治理北运河、推进京津冀合作”发展论坛在天津举办。北京市通州区，天津市北辰区、武清区，河北省廊坊市3区1市代表签订《北运河开发建设框架协议》。

2012年

·《大运河遗产保护规划（北京段）》发布，是大运河申请世界文化遗产范围的基本文件依据。

·《大运河遗产保护与管理总体规划》发布。

·高碑店村史博物馆建成开放。

2013年

·广源闸被列为全国重点文物保护单位。

2014年

·中国大运河申请世界文化遗产成功，其中大运河北京段有通惠河北京旧城段什刹海、玉河故道、通惠河通州段3段河道，澄清上闸和中闸2个遗产点被纳入《世界文化遗产名录》。

·《中国大运河历史文献集成》出版，是中国历史上对大运河资料的第一次集中整理。

·温榆河绿道开建，途经昌平、顺义、朝阳、通州4个区。2017年竣工。

2015年

·漕运码头公园在明城墙遗址公园内建成。

·北京造纸七厂改建为运河文化中心，中心内建有运河文化科学馆、运河文化雕塑馆等文化设施。

·张家湾博物馆建成开馆。

2016年

·推进“三个文化带”建设列入《北京市“十三五”时期加强全国文化中心建设规划》。

·朝阳区启动萧太后河综合治理，沿萧太后河建设景观绿道。

2017年

·第四届京津冀协同发展研讨会在通州举办，京津冀三地签署《携手推进大运河文化保护传承利用倡议书》。

·由北京、天津、河北三地的地方志办公室联合推出的京津冀运河文化展在十二届中国北京国际文化创意产业博览会上开展。

	· 榆林庄运河历史文化展览馆建成。
	· 昌平区启动对京杭大运河源头白浮泉遗址的修缮和保护。
	· 玉河二期改造工程完工，与一期河道合成“Z”形遗址，建成玉河故道遗址公园。
2018 年	· 北京市文物研究所对白浮泉遗址周边戏台、都龙王庙等处进行考古勘探和发掘，证实了古代白浮泉的流向。
	· 大运河文化研究会在通州区成立
	· 西城区启动什刹海西海湿地公园及什刹海绿道建设。
	· 首届北京 · 运河国际艺术周在通州区文化馆开幕。
	· 北京市双井邮局设立中国第一座大运河主题邮局，“运河三老”登上邮局“首日封”。
	· 大运河文化带文化遗产创新创意设计大赛启动。
	· 潮白河森林公园、潮白河部分通航两个项目列入北京大运河文化带建设工程。
	· 通州区北关大道跨北运河桥竣工通车。
2019 年	· 中共中央办公厅、国务院办公厅印发《大运河文化保护传承利用规划纲要》。
	· 北京市发布《北京市大运河文化保护传承利用实施规划》和《北京市大运河文化保护传承利用五年行动计划（2018—2022 年）》。
	· 昌平区发展和改革委员会编制的《昌平区大运河文化带保护传承利用规划》提出修建大运河源头遗址公园。
	· 北运河通州城区段（北关闸—甘棠闸）实现通航。
	· 高碑店大运河文创中心建成。
2020 年	· 顺义区完成《顺义区大运河（潮白河）文化保护传承利用规划》。
	· 城市绿心森林公园开园。
2021 年	· 北运河北京段实现全线通航。
	· 完成北运河综合治理主体工程，共疏挖河道 29 千米，加高培厚堤防 22 千米。

2022 年

· 完成亮马河旅游通航延伸工程，打通朝阳公园至红领巾湖航线，同步实施沿岸景观提升。

· 大运河国家 5A 级旅游景区基本建成，植入状元文化展、北运河非遗传习所等沉浸式体验项目。

· 京杭大运河实现百年来首次全线通水。

· 北运河（京冀段）全线 62 千米实现通航。

· 历经五年修缮，坐落于万寿寺的北京艺术博物馆重新开放。

· 北京（通州）大运河文化旅游景区北区（三庙一塔）正式开放。

迈好撰写的第一步

——《大运河文化辞典》试写阶段需要重点研究解决的几个问题

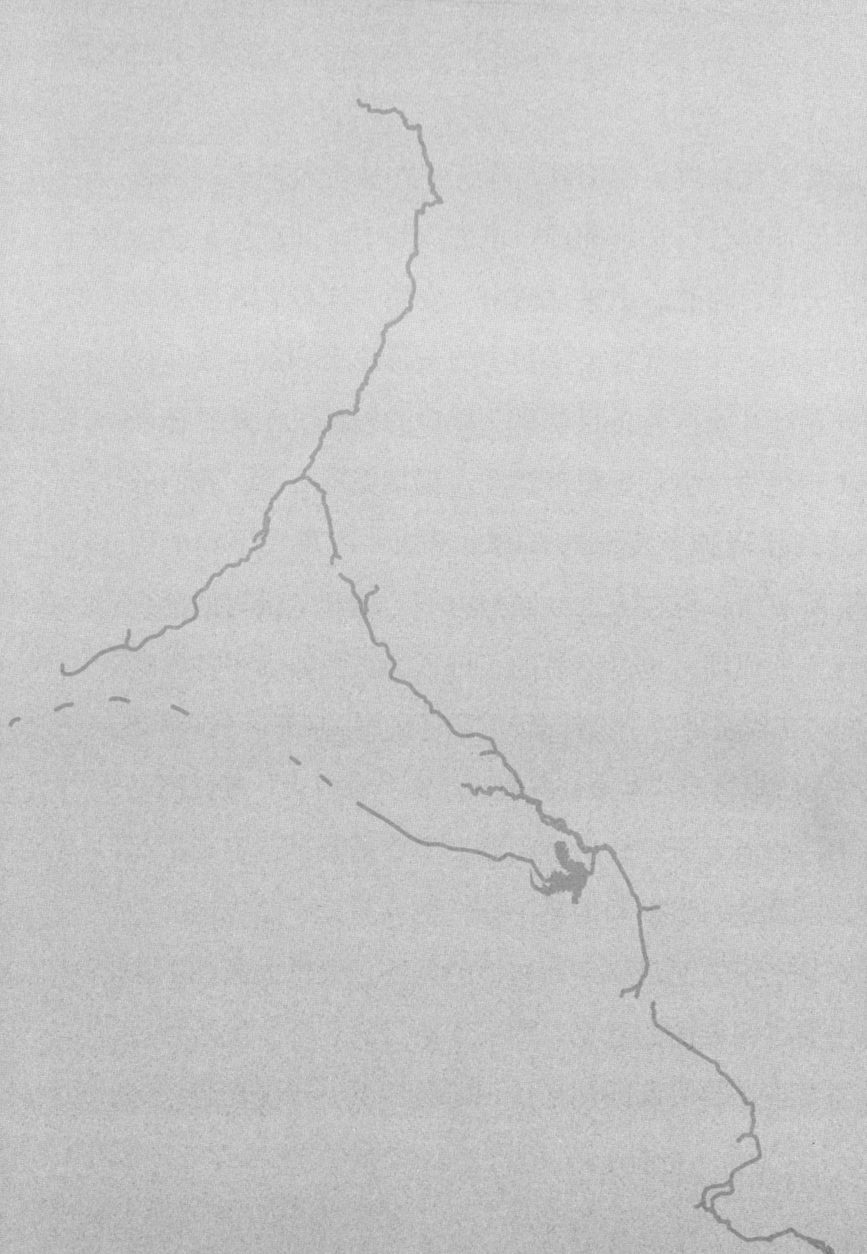

《大运河文化辞典》的编纂工作，正在从资料搜集、调查研究、总体设计向条目选定和撰写推进。其中《北京卷》已出暂定书稿，天津、河北、山东、河南、安徽、江苏、浙江各卷虽然进展程度不同，但都提出了初步的条目总表和条目撰写样条，有的分卷已开始撰写条目初稿，辞典的编纂工作从整体上已进入了文稿撰写，也就是艰苦攀登、攻坚克难阶段。我们的工作虽然受到新冠肺炎疫情的影响，增加一些意想不到的困难，进度有所放缓，但在大家共同努力下，迈开了撰写的第一步，取得现在的成绩，也是不易的、可贵的。我通读了各卷编纂组送来的“工作报告”“设计书”“条目总表初稿”“试写条目”以及“调研报告”“专家情况表”“参考资料表”等文稿书表，就其中一些需要研究解决的问题，主要是条目选定和撰写中的问题，以及进一步推动编纂工作，谈点意见。要先申明，这些意见不是定论，而是探索商讨性的见解，仅供大家在工作中参考。主要讲四方面的意见，即关于条目的选定、关于条目的撰写、需要进一步明确的几个认识问题和下一步工作建议。

一、关于条目的选定

条目是辞典编纂中的基本单元，辞典的知识主要靠条目去展示。条目是否合规合理，其内容是否准确全面，是决定辞典质量高低的基本条件。因此条目的选定决定着辞典知识的范围、认知的深浅、价值的高低。从这个意义上讲，条目总表是辞典的定盘之作。现在各卷初步选定的条目总表，原则上是符合设计要求的。条目选定的原则，主要有以下三条。第一，必须是大运河文化。而大运河文化又可分为大运河自身文化、派生文化和关联文化。对大运河自身文化，应尽力挖掘，争取应收尽收，“滴水不漏”；对派生文化，只要篇幅允许，能收则收；对关联文化，有选择地收，选择紧密关联事物，淘汰非紧密关联事物。第二，必须求真存实。所选事物，不论物质的还是精神的，都应是存在过的、有影响的。真实是辞典的生命，失真将被一票否决。第三，突出主题、主线、主旨。主题就是大运河文化，即遗存承载的、流淌伴生的、历史凝练的文化；主线就是水道，所有文化都因水道而生、水道而长，抓住水道，就可带起水系、水工、水管、水运及其派生的经济、文化、地名和作为动力的人物；主旨就是面向大众读者传播体现中华文化精华的大运河基础性优秀传统文化。各卷提供的条目总表，是努力落实这三条原则的，但仍然存在不少需要改进的问题。主要是：

第一，重要内容的缺失。比如，有的对本省市的大运河水道、水系研究不细，列条不全。大运河历时很长，流淌的地域变化很大，历史上这个地域有过多少条大运河河道流淌，需一条一条查实给以表述，应把各个时代在这个地域出现过的河道，其流域长短，发生和消亡时间及其水源、水柜、水系等，在当时的地图上一一标明，尽可能做到水道列条不漏不错。水系有三种情况：一种是大运河水系，一种是某条较大自然河流的水系，还有一种是地域性水系。水系在不同时代有不同情况，比如大运河水系，在历史上有多次变化，有的是因为新开水道而改变，有的是因自然界变迁，特别是受自然河流冲击，如黄河改道而改变，应把不同时代的大运河水系列条讲明。现在各卷都缺少类似条目，只有把水系条目和水道条目加起来才能反映这个地域的大运河全貌。较大自然河流水系和地域性水系凡是和运河水系有关联的，也应列条，特别是关联紧密的，也应补上。又如，对运河水上流动的运军、水手、船民、商贩和岸上服务的特殊人群的信仰、会社、宗教、生活风俗等状态，很少设条展现。运河社会群体有各种帮会、行会、会馆、会所、家族以及关帝信仰、妈祖信仰、金龙四大王信仰等。类似清代中叶在运河盛行的水手罗教，创教祖师是明朝人罗梦鸿，发迹于北京密云，影响颇大，各地都有其聚集所，叫“庵堂”，杭州的庵堂最多，也最大，苏州有 12 处，在水上的活动中心叫“老堂船”等。帮会有青帮、青皮等，都可列条。历史事件部分，关于重大水灾，特别是北方地区，几乎年年发生，应选择影响较大的列条。比如开封、徐州等城市，就曾被淹没，还有因战争造成河湖决口的灾害等。因运河劳役和灾害引发的农民起义，如刘六刘七起义等。民国时期的对大运河治理的内容，也很少设条。大运河自身一些运营变革，如河海联运等，也应补充。还有哪些重要内容缺失，请各卷参编人员再请教各省市的水利和方志专家，查一下有关典籍和史志，特别是一些地方性的大运河专著。集全国顶尖的运河、水利和方志专家撰写，由江苏凤凰科学技术出版社出版的《中国运河志》，是至今记述大运河资料最丰富、考证最切实的一部巨著，也是我们编纂运河辞典最好的参考书。有些内容我们没有，应汲取过来；有些内容比我们的初稿更丰富、更准确，应成为我们修改的依据。各省市卷都应和《中国运河志》的有关部分对照一下，取人之长，补己之短。近些年因全社会对大运河关注度逐渐提升，发掘大运河历史，保护、修复河道，传播大运河文化等事绩日渐增多。这一切又都反映在各地的年鉴上，因此应从年鉴中获取资料。此外，大运河在陕西关中地区、山西晋南地区都有水道，而我们八卷本划分未能包括陕西省和山西省，这些不可缺少的水道条目应由谁承担？是否由《河南卷》承担关中地区，《河北卷》承担晋南地区比较合适？因为邻近水道有连带关系，拜托《河南卷》和《河北卷》，把这一部分补充进来。

第二，各卷之间选条重复。重复最多的是水道、运河与运营管理、运河人物以及文献、著述等。水道的重复，主要是同一条河流经不同省市，多是条头词重复。如“北运河”在《北京卷》《天津卷》《河北卷》均设有条目。在内容方面，有的条目过细地作全面介绍而非突出本地域河段所形成的重复。此类条目内容除简述全貌外，应重点写各自省市域内的一段。运河与运营管理部分，不少条目不仅条头词一样，条目记述内容也是同一副面孔。其原因主要是没有区分管理的层级，有中央级、地方级。其中对中央机构、中央职官都列条必然重复。怎么办？我的意见是，把中央级机构、职官和制度划归于它们存在时的首都省市，隋、唐、北宋由《河南卷》承担，南宋由《浙江卷》承担，金、元、明、清由《北京卷》承担，明朝初期和民国时期由《江苏卷》承担。如果有的中央部门设在地方，则由地方承担。如三国时魏国设立的水部，应归《山东卷》或《河南卷》，而都水清吏司是明洪武年间于南京设立，应归《江苏卷》，等等。职官也一样，应以设置地标示。其中有一些条头词名是必须重复的。比如河兵、坝长、总甲、小甲、船户、纤夫、运夫等，各卷不可能在名称上区别，在内容上则应各不相同，比如设置时间、地段、数量、管理方法等各有具体情况，如实写下就是区别。运河人物重复很多，一个人物的全面介绍，只能列一条。在哪一卷妥善？有两种情况：一是以出生地为准，一是以业绩最突出之地为准。综合性史书、辞书、志书，习惯性写法是以出生地为主，特别是地域性著述，地方名人传略是不可或缺的内容。我们是专业性辞典，以出生地介绍也是可以的，但我更倾向于在业绩突出、影响较大的地方列条。因为我们展示的是大运河文化，人物是运河人物，也就是在运河建设、管理和宣传方面有特殊贡献或重大影响的人物，在哪个省市做贡献或有影响，就在哪个省市卷出现，是顺理成章的事。何况有些人物的出生地不在这八个省市，只能在业绩突出省市列条。还有一类是皇帝和朝廷大员，供职于中央，一般应放在当时的首都省市。有些是挂着中央级官职，但供职于地方，或其主要业绩在地方，应在省市卷列条。比如隋炀帝、明成祖、康熙帝等帝王，白居易、王安石、郭守敬等官员，都在两卷以上出现，应名归其位。有些人物需要由省市卷协商解决。文献著述应区分类别而定：首先，应列条的是专门记述本省市大运河或水环境的专著；其次，是本省市出版的内容涉及全国范围的大运河知识著述；再次，是本省市馆藏的有关大运河知识的珍藏孤本；其余的类似古书典籍《春秋》《尚书》《禹贡》《左传》《史记》《水经注》等和一些通志、府志、州志、县志等综合性志书，以及其他有一些大运河文化内容但主要不是与大运河紧密关联的书籍等，一般不应列条，“通典不录”。如果关于运河的内容比较重要，可抽取有关部分列条，不以原书名作条头词。

第三，有一些条目与大运河文化无关联或关联度不强。无关联的应删除。关联度不强的，按各卷容量选用，容量有余的，可多选一些；容量较满的，可少选或不选。这里应研究的是如何确定关联度强弱。不同类型有不同标准，比如地名部分，因大运河而生而兴的城、镇、街、村的地名和因大运河而冠名的地名，应是紧密关联的，应全部列条。在大运河文化带上但与大运河在生产生活上都无割舍不开联系的城、镇、街、村，应是属于地域性关联，除特殊情况外，一般不列条。类似情况，还有经济部分中的小吃、特产、老字号等，文化部分中的文化馆、博物馆等，不少是因为在大运河流经地带而列条。文物部分可分为三类：第一类是大运河自身的文物，如水道和水工设施、管理设施遗存，应尽量设条；第二类是大运河文化带上与大运河有紧密关联的文物，如寺庙道观、墓葬碑刻等，也应列条展示；第三类是在大运河文化带上但与大运河无关联或关联度很小的文物，基本上不予列条。我们有一些条目总表中，把凡是在大运河文化带上的文物统统给以列条，也是一种地域主题替代运河主题的偏颇。重大历史事件也分为两类：一类是运河自身的重大历史事件，如运河开凿、改造、堵塞、消亡、重大工程建造、重要制度改革和因运河而生或在运河上发生的政治、军事事件，这一类大部分已在水道水系、水工、水管等部分展示，有遗漏的应补充；另一类是在运河文化带上发生的政治、军事、自然灾害等事件，应区别情况，择要而收。

二、关于条目的撰写

在条目选定后，辞典编纂的重头戏就落在了条目的撰写上。条目撰写有特定的规范，这就是条头词、定性语和释文的组合。条头词是事物的名称，定性语是事物的性质，释文是对事物的说明。条头词要求用名词化语言，简而明，便于查询，这个名称已经在条目选定时确立并列入了条目总表中。定性语要求用确定性语言，短而精，一语定性。这个定性语看似简短，实则写起来并不容易。首先，编写者必须对事物十分熟悉，不仅了解它的外延，而且掌握它的内涵，也就是要有对事物的洞察力；其次，应有一定的文字功底，文字的提炼概括能力。释文要求用解释性语言，对事物进行说明。这是对事物知识含量的表述，是知识深广的体现。它要求对事物解释必须全面、准确、完善并突出重点。应紧紧抓住主题，防止走偏转向，文字应准确、平实、明晰。每一类知识的表述有共性，也有特性。共性是必须表达的要素。比如水道、水系，要求说明什么时间、在什么地方、开凿的背景与原因、重大变化、社会影响和现状。又如人物，要求说明生卒年、诞生地、生平、突出业绩、社会影响和社会评议等。特性，即每个事物的不同形态，特别要突出人无我有、人少我多、人后我先的内容。

试写条目存在的主要问题：

第一，条头词错位、泛化和多种事物并条。错位，就是名实不相符。比如，在水工设施部分，一个条目的条头词为"通济渠商丘夏邑段大堤遗存"，水工设施应是实体，即落脚点应是历史有过或现存的大堤，而非"遗存"，如把原状变成遗存，就应放在文物部分。又如，在运河经济部分，有条目的条头词为"嘉兴造船厂旧址"，在经济类为一个企业设条是可以的，或者为造船行业设条也是可以的，但为"旧址"设条就应放入文物部分。这类条头词在有的卷中相当普遍。泛化，就是把一个具体事物说成带有普遍性的事物，"小头戴大帽子"。比如"胜芳灯会"的条头词为"灯会"。一些图书馆、文化馆、博物馆中有与大运河相关联的事物，列条时应把关联部分作条头词，但常常把整个馆名作条头词。类似情况也较多地出现在综合部分，把一些研究机构和经典史志名称作条头词。有的是多种事物并条，条头词排列了几个事物。如“隋唐大运河柳孜码头遗址、河道遗址、百善老街保护与环境整治”，既难以写定性语，也无检索性。

第二，定性语不到位、不准确、不精练。不到位，就是条目缺定性语，从条头词直接进入释文。多卷试写条目有这个问题，有的在试写 45 条中，缺定性语的达 20 多条。比如“杭州关税务司署”条目，没有定性语，紧接条头词的是释文“1897 年 9 月 26 日，杭州洋关开关，10 月 1 日开始征税”。还有一些地名、人物条目，都缺定性语。条目有无定性语，如何写定性语，是辞典类工具书除字典、词典外，与其他条目体书籍在体例上的一个原则区别。条目体或条目与章节结合体的志书和年鉴，其条目不要求有定性语；百科全书的条目要求有定性语，但它的大中型条目是定性叙述，即定性语加说明；辞典只是一两句定性语，不加说明，因此没有定性语的条目是不符合《大运河文化辞典》体例的条目。不准确，就是定性语偏离了事物的本性。如“水部”条目，定性语为“三国时期河道管理官署名”，实际上，这个官署名不仅仅在三国时期使用，一直延续到后晋、北魏、北齐，直到隋代才改为“水部司”，因此定性语应改为“三国时期开始设立的河道管理官署名”。“《水浒传》”条目，定性语为“大运河主题小说”，但小说主题是宋朝农民起义，不是写大运河。“康百万庄园”条目，定性语为“全国三大庄园之一”，且不说定性语未定性，定的是在全国的地位，释文称其为“与山西晋中乔家大院、河南安阳马氏庄园并称‘中原三大官宅’”也不对。乔家大院是民宅，不是官宅，“中原”也不是“全国”，即便在山西，也有不少比乔家大院大的庄园。有的以文物保护单位代替定性语。文物保护单位，它是事物的价值，不是性质。“符离集烧鸡”条目，定性语为“中国四大名鸡之一”，它不是鸡，而是用鸡烧制的食品。此外，定性语中常用“重要”“之一”等。“重要”与否是比较而言的，都重要就是都不重要。还有“之一”，十分容易掩盖事物的具体性质。比如“庞勋之乱”条目，是戍边官兵兵变事件，但定性语为“大运河相关重要政治事件之一，又称庞勋起义、庞勋之变”。什么性质的政治事件？并未点出。还有就是定性语角度不对，不是立足于大运河，而是立足地域或其他事物。比如“大汶河”条目，定性语为“黄河下游最大的支流”，这是从黄河角度定性，而应从大运河角度定性，改为“京杭大运河南旺段引水河”更妥善。不精练，就是定性语最好只用一句话，两句亦可，除个别特殊情况，再多就容易侵占释文的地盘或和释文内容重叠。比如“济宁港”条目，定性语为“京杭大运河山东段重要港口，山东省内最大的内河港口，国家内河主枢纽港，全国内河 28 个主枢纽港之一，北煤南运、南货北调、集装箱运输的大型航运物资集散地”。只需“京杭大运河济宁段港口”即可，其他内容放到释文中。即便是一句话的定性语，也要在文字上认真推敲，尽可能准确精练。比如“河西务镇”条目，定性语为“河西务镇隶属天津市武清区”，精减为“武清区辖镇”即可；“长安闸”条目，定性语为“运河正河水利枢纽和重要的航运设施”，精减为“运河水利枢纽设施”；“杉青闸遗址”条目，定性语为“嘉兴古运河上控制水流的重要水利设施”，精减为“嘉兴市水利设施遗址”。

第三，释文主题错位、重点不重、要素不全、文字粗疏。主题错位，就是释文内容没有对条头词作出解释，不得要领、走偏转向，不少内容与条头词关联不大，甚至无关联。比如运河经济部分的“黑釉盏”条目，黑釉盏是一种黑瓷产品，释文内容没有就这种产品的性质、特点进行说明，而把主要篇幅放在了烧制的技术成就上；文物部分的“古汴河木船”条目，释文应对木船作出说明，但内容却大讲运河历史，而这个文物是什么时代的，具体是干什么的，没有交代，使人有“离题万里”之感。重点不重，主要是没有抓住并突出与运河的关联。这个问题主要发生在运河派生和关联事物上，即地名、经济、文化、人物和历史事件中。如“安徽省文物考古研究所”条目，释文中仅有“在文物保护规划编制方面，先后完成了《刘铭传旧居保护规划》《大运河安都段保护规划》”一句与运河文化有关，其余都是偏离主题的内容。又如“白狼山之战”条目，释文是写曹操消灭乌桓势力的战争，自始至终没有与大运河关联的内容。有关联内容就应突出出来，无关联内容这个条目就应删除。“河北社会科学院”等院、馆、所，历史文化典籍、老字号、小吃等多有这类问题。要素不全，主要是缺时间、地点、形态、变革、现状等必须交代的内容。比如“口子窖酒”条目，此酒产于何地、企业建于何时，释文都没有说明。有些文物没有年代，有些人物没有出生地，有些水道没有起止点。文字粗疏，主要是释文内容思想混乱、结构不顺、语言偏离辞书体等。比如“河西务镇”条目，释文写“河西务的形成与发展，完全起源于运河。数百年间，历朝历代均在此设官府。从而使这个临河小镇逐渐成了漕运咽喉、榷税钞关、水陆驿站所在。论其官高权重，是使上州县望尘，更非寻常村镇可比”。此外还有“党的十一届三中全会以来，党和政府为繁荣城市经济，发展传统名吃”等铺垫渲染、虚词套话。不可把网络文章，不经调查证实，便写入辞典。有些历史远古传说，也不可当成历史真实。如“郑州市”条目，释文写“5000 年前，中华人文始祖轩辕黄帝出生并建都在郑州这片土地上”；“商丘市”条目，释文写“商丘市睢阳区是三皇之首——‘火祖’燧人氏发明钻木取火的地方，是‘火神’阏伯司火的胜地”。“扬州洋关”条目，共 1350 多字，释文有许多虚字浮词和延伸内容，如“是京杭大运河沿线的重要文物遗存，具有重要的历史意义”，“是近代中国遭受帝国主义侵略的重要见证”。后边此话又重复了一次，“以此控制清政府关税自主权，进一步实施经济侵略”，“日本租界的设立，更加深了当地的半殖民地化，……形成了搜刮中国人民财富和资源的掠夺性贸易”。还有两段详细写了建筑面貌和结构、外形，具体写了外贸所及范围，一一排列进口和出口商品，从内容到语体、文风都偏离了辞典编纂要求。

三、需要进一步明确的几个认识问题

在《大运河文化辞典》编纂过程中，各卷编纂组的同志针对编纂实践遇到的困难和问题，进行了一些辞典编纂理论原则的讨论。有一些已在编纂启动时涉及并有结论，但不够明确，需要进一步阐述。有一些是编纂实践中的新认识，需要进一步探讨总结。比较突出的、需要进一步明确的主要是四方面的问题，即辞典的体例、大运河文化的地理空间、大运河文化的知识体系、辞典编纂的组织体制。

关于《大运河文化辞典》的体例。这在顶层设计中已经很明确，要点是内容为社会共识，体式为条目体中的小条目聚合体，条目有规范性写法。但由于辞典和百科全书、志书、年鉴有较多的相同和相似点，比如都是基础文化著述，都是对已有知识精华的展示，多采用条目体，其中当代志书多采用章节和条目结合体；在撰写时，都是把资料工作摆在第一位，大军未动，粮草先行；读者对象都是属于社会大众；等等。因此，这几种著述形式最容易混同。在我们的辞典编纂中出现最多的一个问题，是条目撰写中定性语的缺位和失准。原因何在？就是对条目的规范性写法在体例中的重要性认识不足。辞典与百科全书、志书、年鉴的不同点除性质上的区别，即志书、年鉴是对事物客观记述的资料书，百科全书和辞典是对知识精华主观展示的传播书外，十分重要的一点就体现在条目上。辞典条目的特点是短、平、定。短，是文字精短，超过千字的很少。而百科全书的条目字数可多可少，超千字者比比皆是，年鉴和志书的条目也是根据需要而定，不限字数。平，就是各个条目字数相近且在书中是按一定规则排列，不同于百科全书有大中小条目的类别和志书、年鉴分章节排列。定，就是内容结构有特定规范，就是条头词、定性语和释文三部分组成，特别是设置定性语，对展示的知识用简短语句定性，使条目带有论述性。而志书、年鉴是述而不论的记述性，百科全书的条目也是可以有议论、论证、结论的，是可夹叙夹议的论述性文体，但它因为内容较多，文字较长，一两句定性的话说不清楚，用的是定性叙述。

关于大运河文化的地理空间。我们编纂的《大运河文化辞典》，主题是大运河文化，但大运河文化的地理空间要不要界定，如何界定，这曾是一个有争议的问题。地理空间应当界定，因为一定的区划首先是建设需要，现在运河沿线都在规划运河带，国家也把八省市划入大运河文化建设的范畴，这对我们编纂辞典是很有好处的。但行政区划运河带的地理空间，不同于我们编纂辞典需要的运河带地理空间。前者是按推进现代化建设的需求，以地域特点为抓手，划分不同的建设带。北京市的建设发展规划中，划分了三个文化带：西山永定河文化带、长城文化带、大运河文化带。其中大运河文化带，范围是七个区——昌平、海淀、西城、东城、朝阳、通州、顺义，这并不是我们辞典编纂的地理空间，因为大运河在北京涉及的地域，还有密云、门头沟、房山、大兴、平谷等区，远远大于行政区划的大运河文化带区域，而且此地域还涵盖了西山永定河文化带的全部，长城文化带的很大一部分。那么对我们编纂辞典来说，能否划一个地理空间明确的文化带？如像一些同志说的，在大运河两边确定多少千米划一个带，这不仅不科学，也是不可能的。因为大运河水道和与水道关联的事物历史上变化多端，有的水道和事物的定位还在探索，不可能事先划定地理空间，只能先定与大运河的关联物。原则应当是凡在大运河两岸有与大运河关联事物的地域，都可视作编书需要的大运河文化地理空间。

关于大运河文化的知识体系。我们在辞典的顶层设计中，已有安排，各卷也都明确写在了《总体设计》中，这就是以水道为主线的主体文化、派生文化、关联文化组成的大运河文化知识体系，具体分为相互紧密联系的九大部分。但在编写实践时，却在条目总表的分类排列中出现一些混乱现象。条目分类排列顺序并不是辞典出版时的最终排列，最终是按条头词的汉语拼音顺序排列。条目总表的分类排列主要是为了使编纂者有全局性认识，不漏掉重要内容，并尽可能使各类的占位与自身价值相符且大体平衡。现在作为第一层次的九大部分都按设计顺序排列，第二层次即九大部分内排列则是百花齐放，有按时间顺序排列的，有按行政区划排列的，有按时间与区划结合顺序排列的，九大部分又有各自排列方法。这些排列方法不必千篇一律，可按各自实际情况创新调整。但有两个问题应特别注意：一是条目归类错位，二是撰写的角度错位。前者如有的把运河的引水排水河渠、水库等应当是水道的条目，归类于水工设施，把一些文化设施、文化街区归类于经济，文物和水工设施也有不少混同。后者如应当是以运河角度去写，却常以地域角度展开，没有突出知识主题与运河的关系，而是突出在地区的影响，这在经济、文化、文物和人物部分的条目中较多。原因何在？还是出现在编纂主题不明的认识上。应明确，我们的辞典是大运河专业辞典，主题是大运河文化，而非地域文化。看问题要从大运河立场，即专业辞典角度去审视，不是从地域立场，即地域综合辞典角度审视。不可只关注了地方特点，而忽视运河特点。偏离了专业辞典要求，必然会偏离大运河文化知识体系。

关于辞典编纂的组织体制。编纂中出现的一些困难也和我们的组织体制有关。大运河虽然在不同历史时期有不同的水道，但它始终是一个连接不同地域、便利航行的整体。而我们编纂辞典是把它分割为八段，成立八个编纂组，每段一卷，每卷既服从于整体规划，使用同一体例，但又是相对独立的一卷。各卷之间的条目设置重复，有一定的不可避免性。现在的编写组织制度是由北京市社会科学界联合会、北京市哲学社会科学规划办公室牵头，依托中国传媒大学文化产业管理学院的学术研究和北京联合出版公司的编辑出版支持，联合其他七省市相关单位，分省市编写，由行政部门、出版单位和高等院校具体实施的体制，也就是行政领导、专家指导、出版社组织落实的体制。这比起由专家个人或专家组承担编写任务，存在许多不足之处，主要是容易着眼局部，忽视全局；着眼本地域，忽视他地域；统起来难，想创新，特别是局部创新也难。但它又有很大优势，即能集行政、出版、学校、专家之长，能聚集社会各类有关人才，能较快出成果。作为大型著述，相对于专家个人和专家组著书，在现有条件和需求紧急的情况下，这是一种较好的体制，只要树立全局观点，大家共同努力，共下一盘棋，加强上下沟通和各卷之间的协调，一些体制上的缺点和因此产生的困难是不难克服的。

四、下一步工作建议

第一，各卷之间用一段时间，互学互帮，交流协调，合作共进。京外七卷汇报稿本，加上《北京卷》的暂定稿，是大家凝聚心血而创造的阶段性成果，各有长处，也有不足，应通过交流、商讨把别人的长处取过来，把自己的不足补起来。比如，条目的设定。各卷可从对方的设置中进一步开阔视野，深化认识，拓展自己列条的时空范畴。也可从对方的总表中，请过来一些条目，填补自己的空白，同时奉送应归对方的条目，争取在交换中各得其所，各归其位，调整、丰富和完善各自的条目总表。

第二，进一步搜寻资料，特别是从各类志书、年鉴中，汲取可用的资料，设立条目。应再次研究阅读中共中央办公厅、国务院办公厅印发的《大运河文化保护传承利用规划纲要》，《中国大运河申报世界遗产文本》《中国运河志》及有关文献，尽可能从有关内容中提炼出我们所需要的知识，列条入典，还要征求专家学者的意见，特别是向各省市对省情市情、水利水系有研究的专家学习请教，请他们补充、核实、把关，使条目总表更完善、更准确。

第三，按规范补充完善试写条目。从这一批 300 多个试写条目的修改中，进一步掌握各类条目的撰写要求和内容要素，不仅使这批条目成为样板型条目，而且通过修改进一步充实编修队伍的知识宝库，提高认知和写作水平。

第四，应尽快收集图照，编写《大事年表》，指定专人撰写专文。图照应和文字同步安排，使之相配相映，数量要足够，不足之处应自行制图。专文应尽可能做到写出自身特点，避免各卷专文同一副面孔的现象，各卷专文之间及其与总专文应避免矛盾并尽可能减少重复。还应注意条目、专文、图照、大事年表之间的协调统一，应相互照应，避免出现各说各话、互不搭界，甚至同一事物，不同面目、不同时空、不同评价的现象。

第五，关注一下凡例的审定。凡例是用来说明著述的体例和规范内容与行文编纂的法规,实质上是编辑说明或出版说明，同时也是读者阅读的指南。凡例一般由三部分组成：一是通例，是全书纲领和结构的条例，是指导思想、编纂原则、记述范围、结构层次、行文章法、计量单位、数字、书写、标点符号，是统管全书的法则；二是分例，分门别类说明各种体式和分类依据、辑录重点和记述方法等，只管部分内容；三是特例，是对一些特殊问题的处理方法和原则。凡例是按总体设计撰写的，必须事先决策，但又是在著述编纂过程中可以修改的。关注凡例的目的，是可以在一些关键问题上进一步加深对辞典编纂的理解，统一认识，同时希望提出修正意见，以便最后审定。

（2020 年 11 月）

对《天津卷》等七卷条目总表和试写条目与《北京卷》暂定书稿的修改意见

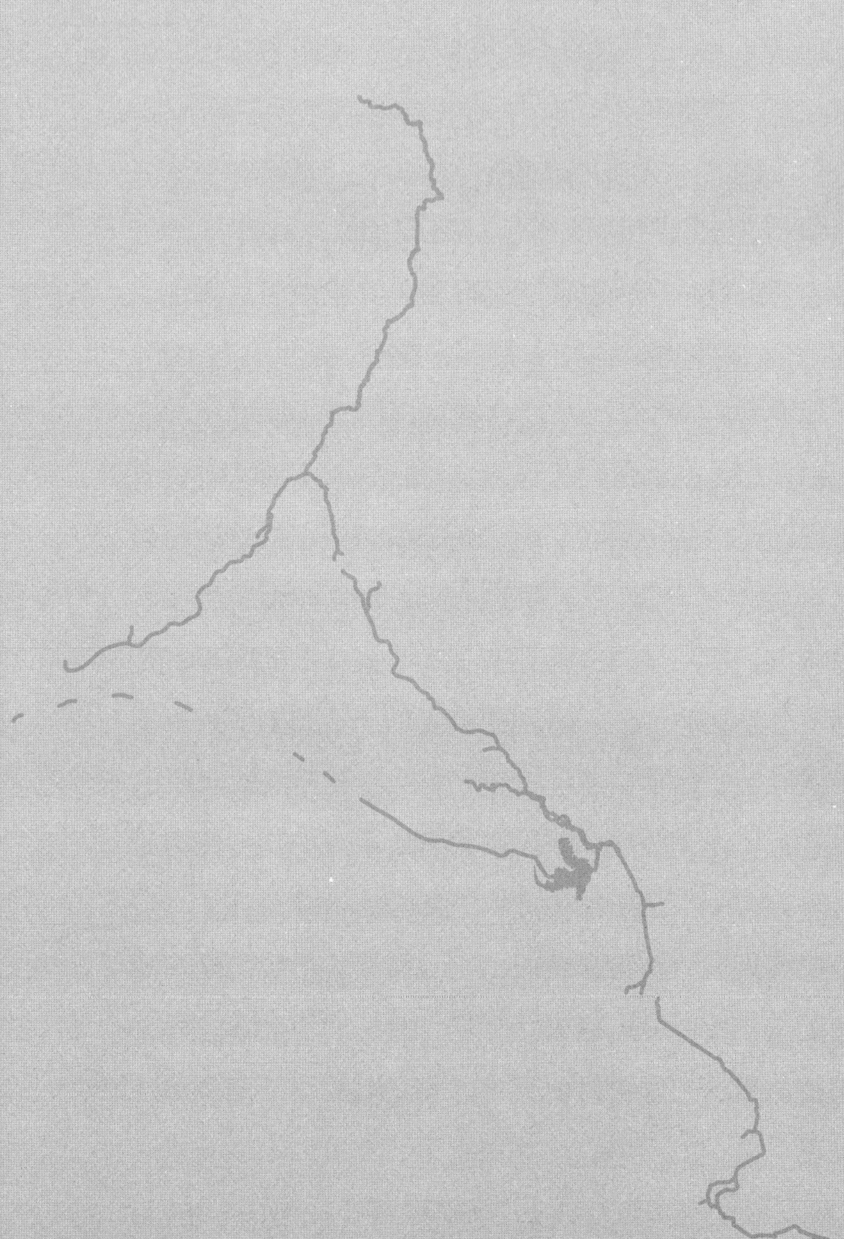

《天津卷》

《天津卷》条目总表，9部分、26类（其中地名、文化、文物、历史事件未分类，各算1类）、786个条目，试写53个条目。

条目总表是辞典的定盘之作，标准是：是否全面，有没有遗漏重要事项；是否紧扣运河文化主题，对运河主体、运河派生事物、运河关联事物做了合理安排；是否突出大运河在本省市地段的特点，特别是“人无我有，人有我优”的事项；是否妥善处理各分卷之间衔接，特别是重复的和认知不一致等问题。

《天津卷》大体是按照这些原则去选定条目的，但因为是初步方案，仍存在不少需要加强和改进的地方。建议：

1. 继续挖掘大运河在天津地段的水道资料。历史上这一地段水道变迁较大，大部分已消失，如能把特定时空的水道逐条理清，不仅使辞典的主题更鲜明突出，也是对天津历史文化建设的贡献。现有条目总表中，应突出水道，不可以水系替代水道，更不可以现代水系河流替代古代水道水系。在现代水系中，应分得再细一些，如大清河、南运河水系是否也应列条？特别要区分清楚，哪些河流或河流的一段是大运河故道（包括水源和泄水故道），哪些与大运河无关。无关的一般不列条。

2. 与其他卷，特别是与《北京卷》《河北卷》的分工、衔接需要协调。比如条目重复设置，和《北京卷》重复的近50条，和《河北卷》重复的超过60条。重复最多的有三类：一是运河水道和自然河流，二是运河与运营管理，三是人物。

关于运河水道和自然河流，不少是跨境水流，应以现域划分，分段记述。比如“北运河”，多卷可用同一个名称，但内容在简明概括全河状况外，应重点说明本省市段的情况。如同一条河曾有不同名称，应选择最能展示本省市段的河名作为条头词，以示区别。如同一条自然河流，在不同时空，曾是大运河一段，或者是大运河的水源河、泄水河，应尽可能用那个时空、那一段河流的名称。

关于运河与运营管理，应分层记述，即中央级和地方级。地方级管理，标明地区名即可；中央级管理，应以当时首都所在省市，即洛阳、北京、开封、杭州、南京所在省市列条。至于隋唐长安，因陕西省没有划入大运河文化带八省市，有关隋唐时期的管理资料由《河南卷》负责列条。管理条目有三种情况，即制度、机构、官职。制度分层应以颁发部门层次而定，即中央级、地方级两类。机构不论是中央级还是地方级，应以设置地为准。机构设置于何地，就由所属省市列条。官职比较复杂，如是中央级，由当时首都属地列条，但有一些中央级机构没有设置于首都，如何处理，是否以机构所在省市列条为好？如是一般的管理服务人员，比如河兵、坝夫、闸夫类，可各卷同用一名列条，但条头词一样，内容不同，内容应是这些夫役在省市段大运河服役是什么河段、什么时期以及数量和他们的工作状况等。这一类条目要避免只作名词解释而没有或很少具体内容的现象。还有经济类题目，比如海运、河运、民运等条目，就有容易出现作空洞名词解释的问题，也易于和其他分卷重复。

关于人物，出生地和职业业绩所在地都有列条，比如郭守敬在《北京卷》《天津卷》《河北卷》中都是重点条目。按辞书类编修习惯，应以出生地列条，但一些名人的业绩与出生地无关，而《大运河文化辞典》作为专业辞典，人物条目主要是展示其在大运河事业上的贡献，如果不在职务、业绩所在地列条，对省市分卷的内容有不完善之感。我的意见是，先行协调，如意见一致，只在一个分卷出现，就删除其他分卷的专人列条；如意见不一致，有两种解决办法。第一种是各卷都列条。但出生地的条目内容，主要是静态资料，即正名、别名、出生地、生卒年月、职业、职称、官衔，业绩简化，只写结果及社会评价。业绩地的条目内容，主要是动态资料，即对大运河的贡献，生平可简化。第二种是在业绩地列条，在全面展示其生平中，突出业绩。在其他有关卷中采取以事带人的方法，这是地方志的处理办法。把人物纳入事条之中，附带出来，有的可略作生平介绍。我倾向于第二种办法，因为我们这部辞典是专业辞典，还是突出专业业绩为好，如果是地域辞典，则应在出生地列条。

此外，在世人物可入典但不列专条。因为专条是展示人物一生的情况，在世人物还有变化的余地，不可能对其一生作定论，可入典是其事绩明显，可用以事带人的方法。

3. 列条标准应区分主体内容、派生内容、相关内容。主体内容是大运河自身的知识，如水道水系、水工设施等，列条的原则是应有尽有，即便是历史上已消失的水道和水工设施，也应尽可能给以挖掘列条，条目内容应尽可能丰富，不可舍弃细节。派生内容，如管理、人物、地名、经济、文化等，列条原则是分类型和层次，重点突出，重要内容详写，次要内容可视辞典容量简写或合并同类项撰写。相关内容，如在大运河文化带上发生的自然变迁事件、政治军事事件等，列条原则是按其对大运河文化的影响，进行精选，按辞典容量，列条可多可少。在明确标准后，再对条目总表审查筛选一下，把缺少的尽可能补上，现在看，除水道不足外，还有水工设施部分的码头、新建闸坝等，水工生活及社团、水利科技创新等。应注意，把与大运河无关的内容统统删去。比如“京津铁路”条目，和运河管理有何关联？如有关联，视关联度决定是否列条，无关联就删去。“界河”条目，是否以大运河作界河？地名，我感觉总量不够，但也应注意，选与大运河有关的列条，不可把大运河沿岸的地名统统列条。又如解放天津会师纪念地、直隶第一女子师范学校旧址等，李叔同故居以及综合型研究机构等，有些与大运河文化无关联或关联度不强。如果一些学会研究机构、创作组研究或创作了与大运河文化有关的项目或作品，可把项目或作品作为条目。比如天津市音乐协会音乐理论指导委员会，如果有关于大运河文化音乐理论作品，就把作品列为条目；如果只是在理论研究中一般性地涉及大运河文化，视其影响大小酌情处理；如无涉及大运河文化，则全部删去。

关于试写条目。条目是辞典的基本单元，《大运河文化辞典》的条目要求内容必须和大运河文化有关联，作为八卷之一的《天津卷》又要求条目内容应突出天津市运河段的特点。在写法上，应遵循辞典条目的规范写法，由条头词、定性语、释文三个部分组成，语言要求准确、简练、平实等。《天津卷》从786个条目中，分类选择53个条目进行试写，质量参差不齐，有成熟度较高的，也有差距较大的。主要有四个问题应注意：一是立足点，即应从大运河着眼，突出与大运河的关联。比如“海河”条目，就海河自身而言，写得很好，很完善，言简意赅，读后使人清晰地了解了海河的历史与现状，以及海河在中国北方，特别是天津市地理水系的地位，但作为大运河条目，没有把海河与大运河的关联写清楚，原因是从海河的角度写海河，而不是从大运河的角度写海河。现在的写法如果放在“天津市大辞典”或有关自然地理的辞典中，是合格的、质量较高的条目，但放在《大运河文化辞典》中就有运河主题不鲜明的缺点，应点出华北地区的大运河水道，大多属于海河水系，不少运河航道是沟通海河水系河流而形成的，特别是北运河、南运河，形成了京杭大运河北部的主航道等。角度问题，实质上是自觉不自觉对主题的转移，把运河主题转移到了地域主题上，在《北京卷》编写过程中就走过这段弯路。二是条目结构要素不全。在 53 个条目中，缺定性语的就达 19 条，水工设施部分的多数条目缺定性语。条目在条头词后应紧跟定性语，能使读者了解所展示的事物是什么。比如“筐儿港减水坝”条目，定性语应为“控制水量沟通水系的石坝”。“耳闸”条目，应加定性语“海河分洪道的闸坝工程”，然后才是释文说明，其他闸坝的条目都有这个问题。三是条目内容有的缺乏提炼，有的过于简单。比如“直沽”条目，内容烦琐、逻辑不顺、文字啰嗦，共 1200 多字，可压缩精简一半。定性语为“直沽（沧口至今大直沽）一带，是金、元、明、清时期，以转运漕粮为主的内河港”。不仅文字过长，而且是解释说明性语言，不具判断性，与释文难以区分。“筐儿港闸群”条目，不仅缺定性语，释文也没有说明在何地、何时修建、现状如何等要素内容，文字太短，只有 57 个字。四是用词不准确。比如“潮白河”条目中的“建国前”，应是“中华人民共和国成立前”或“新中国成立前”。又如有条目释文写“进入宋代之后，中国西北部的少数民族就开始蠢蠢欲动，觊觎中华”。我国是一个多元一体的国家，汉族与少数民族都属于中华民族，不可使用贬损语言对待少数民族，应改为“中国西北部的少数民族势力不断扩张”等平等语言。

《河北卷》

《河北卷》条目总表共设置1057个条目，分9部分、35类。每部分选取5个试写条目，共45条。

《河北卷》由于条目选取思想明确，条目总表比较全面，突出了主题。不足之处：一是有些内容是否应列条补充？如运河水道水系。古代运河水道应按时代理清楚后一一列条，水系应分运河水系和自然河流为主的水系。运河水系应梳理一下，自然河流水系应补充列条，并指出与运河的关联。此外，多次大水灾，应选几次作为重大事项列入；刘六、刘七、杨虎等起义军攻破霸州，也应列入历史事件；开展大运河文化遗产调查等，应列入文化活动部分或历史事件部分。二是进一步研究一下选定的条目与大运河文化的关联，这是一个难题，但必须有资料能证明确有关联才可选用，特别是经济、文物、文化部分，是否因运河而生或因运河而长，切不可因为是老字号商铺、流传广泛久远的食品、知名的文化项目和文化产品，没有搞清其与运河有无关联或关联度大小，就列条入典。即便列条，缺少与运河关联的内容，也很难在辞典中立足。三是进一步研究一下条目展示内容应分中央和地方层级。特别是在运河与运营管理部分，中央层级由首都所在省市的分卷列入，其他分卷只列入地方层级或在地方设置的中央管理部门、管理职官。在人物部分也应区分。比如，一些对大运河建设有特殊贡献的皇帝、大臣，可列专条。但必须有特殊贡献，不可因为他们对某地运河的建管仅仅有过指示或去过该地，就在人物部分列条入典。有的可用以事带人方式，把人物带出，写明他的贡献，而不是他的生平。四是应协商解决与其他卷的条目重复问题，特别是与《北京卷》《天津卷》在水道水系、运河与运营管理、运河文化、运河人物与历史事件、综合等部分的重叠。河流在条目上容易区分，多写本段，突出本段，简化其他即可。条头词是否可不重名，应研究。比如，加“某某段”，如北运河（河北段），《河北卷》应突出河北段不言而喻，是重名还是加文字，请再研究一下。运河与运营管理类条目按层次处理。人物怎么办？是以出生地为主，还是以业绩地为主，应各分卷协商。作为专业辞典，我倾向于以业绩地为主。综合部分的文献《清史稿》《顺天府志》《中国大运河历史文献集成》等，内容涵盖全国性的一般应按出版时代列入当时首都省市卷，如果著作者是省市的部门和人员，或是唯一馆藏者，可在省市卷列入。五是条头词与内容应相配，不可“大题小做”或“小题大做”。比如，把“胜芳灯会”标为灯会，就是大题目小内容。沧州武术主题列有四个条目，其中第一个是综合性全面介绍沧州武术的条目，题目与内容还是相配的，其余三个条目是介绍具体武术六合拳、劈挂拳、燕青拳，应以拳名列条。在综合部分，大运河文化研究机构和文献类多是条头大于内容。如将“河北省社会科学院”列入大运河文化研究机构，它不是专门研究大运河的机构，应具体化为河北省社会科学院的某部门。还有一些通志、省志、市志、县志等综合性志书，研究都应进一步具体化，比如《河北省志·旅游志》等。“阜城县”条目，释文650字，但光介绍剪纸信息就达260字。建议增加阜城县现状、人口、地域、产业结构变化等。“剪纸”可拿出来单列一条？凡是与大运河有关的省级以上文保单位，是否都可列一条，如阜城文庙，请参考。六是条目分类应再调整、修正一下。如水道水系的第四部分，标“相关工程”，但内容是引水排水河渠。人工河渠应列入水道水系部分，从水道角度去写。一些重大工程，也可另列专条，纳入水工设施，但应从工程角度去写。水库标为拦蓄工程，应移到水柜部分，渠（铺上村古河道西渠、无棣水），也应从水工设施移入水道部分，等等。此外，应区分地名和经济，经济部分的泊镇、郑口镇等条目应归地名部分。应用资料要核实，特别网络上的资料，不可一抄了之。

《河南卷》

《河南卷》条目总表列条889个，条目试写45条。《河南卷》承担的任务，相当大一部分是隋唐运河，历史追溯时代较远，资料较少，编纂难度相对要大一些。现在总表和试写条目大体符合设计要求，但仍有一些地方需要补充、修正、提高。

关于条目总表。第一，补充。主要是三方面内容：一是大运河在陕西关中和山西晋南都有延伸，而我们的八卷本按省市划分，并未包括陕西、山西。关中地区的大运河文化，只能由《河南卷》承担，山西省的大运河文化由《河南卷》和《河北卷》承担，希望把这部分补充进条目总表中；二是河南省历史上有两个首都城市，即洛阳和开封，再挖掘一下当时中央级的对运河的管理制度、机构、职官和相关文件；三是水道水系部分缺水源、水柜、排水河，运河与运营管理部分缺隋唐的内容等；四是河南省水灾严重，多与黄河决口和运河运行有关。选几次重大的事件列入历史事件类别中，比如“开封被淹没”等。第二，再研究一下选定的条目与大运河的关联度。有的看不出有关联，如海运、寺庙、二里头遗址、郑州商代遗址等。如有关联应在条目撰写中把关联的情况写出来。第三，有些条目与其他卷重复，主要是运河人物和出版物。前者是以出生地为主，还是以对大运河有贡献的主要业绩地为主，不同情况应具体协商对待；后者是否以出版地列条为好？请思考。第四，历史事件。有两类：一类是大运河自身的重大事件，如运河建设的重大工程、因天灾人祸造成的重大灾害等；另一类是大运河上或大运河文化带上发生的与运河有关的政治事件和战争等，应再选择一下。隋炀帝南巡，是否应补充进去，再研究一下。

关于试写条目。第一，不少定性语不准确或缺乏提炼。如“洛河”条目，定性语为“隋唐大运河通济渠分段之一”，是否改为“隋唐大运河通济渠河道”较妥？定性语一般不用“之一”。“卫河”条目，定性语为“隋唐大运河河道之一”，卫河不仅是隋唐大运河的河道，也是京杭大运河的河道，是否改为“大运河主河道”为宜？“贾鲁河”条目的定性语为“辅助河道”，“会通河”条目的定性语为“遗产段落之一”，都不准确。“商丘南关码头”条目的定性语为“大运河商丘南关码头遗址，即隋唐大运河商丘码头遗址”，重复语言太多，压缩为“隋唐大运河码头”即可。第二，有些条目角度失准。比如水工设施部分列有“通济渠商丘夏邑段大堤遗存”，水道水系部分“会通河”条目的定性语为“大运河遗产段落之一”等，是写原状还是写遗产？前者应放在水道水系和水工设施部分，后者应放在文物部分。角度不同，展示重点不同，是展示原状还是展示遗产？如资料充足，首先应选原状，不可主旨移位，在应展示原状的水道水系、水工设施等部分与遗产混淆，必要时可在文物部分另设遗产条。第三，每个条目都应写出与大运河的关联，凡没有写出关联的都应淘汰，如经济部分“蔡记蒸饺”“朱仙镇岳飞庙”等。第四，一些远古传说不可认定为真实历史。如“郑州市”条目中写“5000 年前，中华人文始祖轩辕黄帝出生并建都在郑州这片土地上”。“商丘市”条目中写“商丘市睢阳区是三皇之首‘火祖’燧人氏发明钻木取火的地方，是‘火神’阏伯司火的胜地”。第五，一些网络和报纸杂志的记述或论断，应研究核实，不可随意引用。如“康百万庄园”条目，定性语为“全国三大庄园之一”，且不说定性语未定性，称其为“与山西晋中乔家大院、河南安阳马氏庄园，并称‘中原三大官宅’”也不对。乔家大院是民宅，不是官宅，“中原”不是“全国”，即便是山西，也有好几个比乔家大院大的庄园。第六，应使用参见方式。有的条目释文之所以和其他条目重复，原因之一是没有使用参见方式。如“会通河”条目，大段记述“会通闸”和“八里庙治黄碑”，这两项都有专条，标参见即可。第七，应在文字上下点功夫。不少条目文字粗疏，不准、不顺、重复之处时有所见。如“伊洛河”条目，定性语“隋唐大运河重要支流”不准确，内容与“洛河”条目重复很多，文字也不通顺。“转运司”条目，除条头词外出现“转运司”9次。“商丘南关码头”条目，前四行就出现“隋唐大运河”5次。

《山东卷》

《山东卷》条目总表共设置条目1179条，试写45条。选条主题明确，紧扣运河文化，试写条大体符合辞典规范，但有些问题仍应进一步思考。

关于条目总表。第一，分类。总体可行，但也有一些内容应再区分。比如水道与工程、水道与管理、工程与设施等。水道水系部分的“泗河治理”等条目，如是治理应归管理类，如果通过治理新开的河道，就应以河道名作条头词，归入水道水系。“南旺分水枢纽工程”“四女寺枢纽工程”等条目，如果已形成设施，应放在水工设施部分；如果未形成设施，只是疏通水道，就应放在水道水系部分。如果开通了新水道，如“引汶治运”“避黄行运”等，就应以新水道名称列条，而不是以工程角度列条。此外，水道水系部分的“相关工程”类别应改为“相关河湖”。经济部分的“漕运设施”类别，为避免与水工设施混淆，改为“漕仓、钞关”为好。对这些条目准确归类，还涉及条目的定性语问题。第二，分层。总体上条目层次基本上是地方级的，如“河道总督”，因驻节山东济宁州，放在《山东卷》中是妥当的，但也有一些条目，如《长城、大运河、长征国家文化公园建设方案》《全国内河航道与港口布局规划》和“都水监”“都御史总理河道”“管河尚书”以及一些历史事件等，是中央层级的，入《山东卷》应有特殊理由。第三，在同一部辞典中，条头词一般不应有重复。但有三类情况的条头词可同名：一类是跨省市同一条河流，可在河名后标明地段；第二类是同名不同时代，一些管类职官，可注名朝代；第三类是带有普遍性名称，如闸夫、驿站等，各卷多有设条。条头词可同一，但内容应是各地的情况，比如何时设立和取消、数量多少、有何重大变化等。这样做的好处是，不仅从各卷局部看，内容比较全面，无缺失，对全书来讲，如果把各卷内容综合起来，无疑深化了辞书的知识。人物条目的重复问题，也是各卷都有，应协商调整。第四，请再研究一下名胜古迹、名人名园、名著名艺、寺庙道观与大运河是否关联，不可只因其在大运河文化带上就列条。第五，运河治理类应扩充内容，特别是水灾治理，黄河几乎连年泛滥，造成大运河接连不断地堵塞、改道。大运河自身建造而形成的水旱灾害也时有发生，应把山东地区因灾而治理的情况列条入典。这需要挖掘资料，研究判定。如果写好了，不仅使辞典更充实，也解决了只写正面、不写负面的问题。在众多水灾中选择几次造成重大损失的，可列入历史事件中。第六，地名类 263 个条目，是其他八部分平均条目数的两倍多，数量多了一些，能否压缩一下，如果全卷字数规模可容纳，也可不删。第七，是否有重要内容遗漏？比如，《八省运河泉源水利情形总图》是京杭大运河长篇全景图，共75页，横长 937.5 厘米，《六省黄河堤工埽坝情形总图》也非常珍贵，以上两图保存于汶上县档案馆。另外《九省运河水利泉源情形全图》保存于济宁市城建档案馆。还可顺着这些图查找水道、水工、水柜等内容是否缺失。又如，“海河联运”，也是大运河一件大事。

关于试写条目。应研究的有四个问题：一是定性语的缺失和不准确。在 45 个条目中，缺失就有 15 条之多，地名部分 6 条中 5 条没有定性语。有的虽有定性语，但不准确。有的是角度不对，如“大汶河”条目，定性语为“黄河下游最大支流”。这是站在黄河角度定性，应以大运河角度提炼其性质，是否改为“京杭大运河南旺段引水河”更好一些？“《济宁直隶州志》（道光）”条目，定性语为“记述济宁直隶州的志书”，是站在济宁地域角度定性，是否再研究一下，提炼一个较好定性语，如“具有丰富运河知识的志书”等。有的定性不对，如“《水浒传》（小说）”条目，定性语为“大运河主题小说”。这部小说的主题是宋朝农民起义，不是写大运河。是否列条，请再研究一下。如果列条，定性语是否改为“中国古典长篇小说”

为妥？有的以文物保护单位代替定性，如“聊城张秋镇山西会馆”条目的定性语为“聊城市文物保护单位”，是否改为“运河商业会馆”，再加市文物保护单位为好？文物保护单位只反映文物的价值，不反映文物的本质。“台儿庄清真古寺”“聊城傅氏祠堂”等条目也是如此。有的是文字缺乏锤炼，如“又一村”条目，定性语为“山东德州市中华老字号品牌”，可改为“中华老字号饭店”。“山东督粮道署”条目，定性语为“德州的漕运公署，系漕运管理的和漕运监督的督察机关”，可改为“清代漕运公署”。“南四湖”条目，定性语为“大运河山东段沿岸两大湖泊群之一”，可删去“两大”和“之一”。其他一些条目的定性语中也应少用“之一”。有些条目常常用泛泛的“之一”替代事物本质的具体定性，即便抓住了本质，再加“之一”是多余文字。二是条头词不明晰。如“屯氏河”列条原因是卫运河利用其一段故道，条头词是否应改为“屯氏河故道”为好？现定性语为“黄河下游决口冲出的新河”，角度又是从黄河着眼，应改为从运河着眼的“被卫运河利用的故水道”。三是没有写出与运河关联内容的条目。如《新地》，是否能举例说明其相关内容，现有内容只是说明了它是运河带抗日根据地的出版物。四是少数条目内容不清、文字不顺。如“闸坝管理制度”条目，制度没有理顺；“又一村”条目，有的文字用的是宣传公文式语言，如“党的十一届三中全会以来，党和政府为繁荣城市经济，发展传统小吃”等。

《安徽卷》

《安徽卷》条目总表共设置条目1311条，试写条目45条。条目总表总体上符合设计书安排，选条比较细致，也有其他卷没有设置或未重视的“渡口”“泉站”“古树”。

需要进一步研究的问题：第一，展示原状还是展示遗址，应定位。这在水道水系、水工设施和文物部分的条目中，混淆的情况较多。展示原状是指事物存在的原形；展示遗址是事物的遗存现状，属于文物。比如“鸿沟”条目，列入水道水系部分是对的，但又归类于“历代运河河道及遗址”中。遗址在释文中可以展示，但这个条目主要是讲河道的，遗址是为了说明河道，在条目总表中，不可和河道并列出现，否则容易和后面文物部分混淆。又如水工设施部分，条目有“运河河堤”，也有“运河遗址河堤”，如果是遗址河堤就放在文物部分。原意可能是展示运河原状再加遗址，可设为两条，分别介绍原貌和介绍遗址，展示原貌时对遗址点到为止，设参见遗址条即可。第二，管理部分、人物部分、综合部分的一些条目内容应区分中央级和地方级。《安徽卷》除特殊情况外，一般不设中央一级内容条目。比如，运河与运营管理部分设有“中央机构”“中央职官”，应分析一下，如果这类机构在《安徽卷》设置，职官专为安徽段设置的可在《安徽卷》列条，其他都移到当时有首都的省市卷。人物部分有魏惠王、隋炀帝、宋太祖等，其他卷也设有这些人物的条目，原则应是他们的业绩主要在哪个省市，就设在哪个省市卷。如果在中央，就放在当时有首都的省市卷，如像隋炀帝那样属于全局性业绩，只能设在以洛阳为首都的《河南卷》。综合部分主要是文献，应逐一甄别，凡属于安徽地方性内容的列条，其余在安徽首发出版、作者是安徽人的，与其他有关卷协商列条，这部分应大大瘦身。第三，把错位的调过来。如运河经济部分，列有 5 条水道条目，应移到水道水系部分，转运使、发运使、都水监等职官应移至运河与运营管理部分，“白居易东林草堂遗址”条目应放在文物部分。第四，有些条目与大运河安徽段是否有特殊关联，应再审视一下。“忽必烈迁都”“安史之乱”“淮海战役”等条目，如无特殊关联，应删去。

关于试写条目。无论内容还是体例，总体上都需再研究再加工。主要问题：第一，条头词无检索性。如“隋唐大运河柳孜码头遗址、河道遗址百善东街与环境整治”“二湖（龙泉湖、黄埝湖）”等条目，对遗址的保护和环境整治内容应放在遗址条，龙泉湖和黄埝湖应分开设条。第二，定性语缺失和不准确。在45个条目中定性语缺失的有“濉河”“芜申运河”“黑释盏”“乐石砚”“白居易东林草堂遗址”“魏惠王”等 6 条，不准确的约占 1/3。比如“符离集烧鸡”条目，定性语为“中国四大名鸡之一”。它不是鸡，而是用鸡烧制的食品。“汳水”条目，定性语为“鸿沟的重要支流”，不能说完全错，但不准确。因为汳水是自然河流，存在早于鸿沟，后成鸿沟水系的一部分。定性语是否可改为“由自然河流形成的运河水道”，请再斟酌一下。有一些条目的定性语指认范畴过宽，没有抓住具体特点。如“通济渠”条目，定性语为“隋唐大运河早期水利项目之一”。“水利项目”指认过宽，定性语是否改为“隋唐大运河早期主河道”为宜？又如“太平桥”条目，定性语为“隋唐大运河通济渠（泗水段）重要水工设施”，“水工设施”范畴也过大，不如直接指明“桥梁”。此外，少用“重要”。“重要”是相比较而言的，标准不清，都重要就是都不重要。“柳孜桥”“刘圩运河遗址河道”条目，也都用“水工设施”定性，不如以“堤坝”“桥梁”定性，更能展示其具体特点。“转般法”条目，定性语为“宋代漕运方式之一”，是否改为“漕粮由直运京师改为定点转运方式”更妥？“之一”一般不应用于定性语。也有一些条目的定性语不是判断语，而是叙述性语言。比如“京师禁兵”条目，定性语为“禁兵是指北宋正规军”，应改为“北宋集中于京城的正规军”。有的定性语文字粗疏、缺乏提炼。比如“水岸狭河”条目，定性语为“古代治理隋唐大运河的一种方法”，隋唐大运河就是古运河，“古代”两字多余，“方法”前面加的“一种”也是多余，改为“隋唐大运河治理方法”即可。在地名部分，条目定性语都有“安徽省”某地，比如“百善镇”条目，定性语为“安徽省淮北市濉溪县辖镇”，我们编写的就是《安徽卷》，“安徽省”三字可省略。此外，把“虞姬”定性为“文化符号”、“周世宗”定性为运河重要管理者等，都欠认真研究。第三，释文撰写有的文题不符、要素不全。如“黑釉盏”，是一种陶瓷产品，条目释文应在物品上多做文章，但却把重点放在了黑釉在陶瓷烧制技术上的重要成就和地位，而对产品则没有作说明。又如“古汴河木船”条目，释文应对木船作出说明，但绝大部分篇幅讲的是隋唐运河的历史价值和意义，又对木船是什么时代、什么类型、干什么的等必须记述的内容却只字未提。“运河沉船”也是概述沉船的综述性条目，但重点记述的是沉船的模样和构造，也没有时代和用途等要素。条目释文应研究内容的基本要素。比如事物的位置，在什么地方；事物何时出现，为什么产生；事物的基本形态和特点；事物的历史变迁和现状等都是不可或缺的。还有的条目看不出与大运河的关联等，应对具体条目逐一进行研究，要素不可或缺，以求条目撰写的全面、准确。第四，注意把文章结构理顺和文字表述准确的问题。比如，“鸿沟”“通济渠”“刘圩运河河堤”“柳孜桥”“大寺庙遗址”“石佛堂遗址”“黄庄遗址”等条目都有结构不严谨的问题，有些条目释文内容，把文物保护存在的问题作为重点放在前面，却把事物存在时代和地点放在中间或后面，都应研究调整。文字应实写，少用虚饰之辞。如“濉溪老城石板街”条目释文中的“90 年代中期，人民政府对老城古板街进行保护开发，发展至今”，应写出如何保护开发。此句前一句“解放后多次重修”，“解放后”不准确，应是“中华人民共和国成立后”，多次重修也应实写。后一句“现为重点文物保护单位”，哪一个层级的文物保护单位应写清楚。类似情况还有一些。

《江苏卷》

《江苏卷》设置条目 1174 个，试写条目 45 个。总体上符合设计书的要求，在调查研究和编写工作中，对编纂原则和具体工作，提出了一些探索性问题，需要研究、商定。

关于条目总表。总体上是较好的。需要研究解决的问题主要是：第一，一些重要内容未列条。如与瑞典约塔运河签订友好运河条约、在扬州展开国际性运河博览会、发表《世界运河城市可持续发展扬州宣言》、水淹徐州、全国第一座大运河雕塑园建成、日本炸决里运河等，都应考虑列条。第二，条目排列的科学性。条目分类排列并不是辞典条目最终排列顺序，最后是按照条头词的汉语拼音顺序排列，总表的分类排列是为了使编纂者有全局性认识，不漏掉重要内容并尽可能使各类的占位与自身价值相符，且大体平衡。在排列方法上，《北京卷》有探索性样稿，并作了说明。第一层次，大排列是九个部分，先后是水道水系、水工设施、运河与运营管理、运河地名、运河经济、运河文化、运河文物、人物与历史事件、综合。现在八卷一样。第二层次是每个部分排列，《北京卷》大体是三条线：一是时间，二是主河道，三是类别。现在各卷有各卷的分类方法，大体是：有按时间顺序分类，如水道水系、水工设施、人物与历史事件，以及综合部分的书文；有的按行政区划地域顺序，如地名；有的是先分大小类，而后以时间顺序，如经济先分古代与现代，再以经济类型排序，文化、文物先分类型，再以时间排序。《北京卷》排序方法，对各卷只是参考，是否适用于其他卷，应从实际出发。《江苏卷》条目总表的排序，大体可行，水道水系以时间为主线分类，是否更好一些，请再研究一下。第三，大运河文化的地理空间。我们编纂的辞典是关于大运河文化的专业辞典，它的地理空间就是大运河水道（包括供水的泉与河、蓄水的湖与库、排水的河与渠等）所触及并产生影响的地域。因大运河河道历史变化较大，对流经地域的影响很复杂，只能沿河搜寻，可大体有个目标性规划，不需要也不可能像行政区划一样，搞一个地界划定的具体的地理空间。到目前为止，凡是明确划定大运河文化带的，多是大体的粗疏的规划，对我们编写辞典有好处，但不是依据。比如，在运河两岸多少千米划定区域，收取多个区域内的文化现象。这是地域辞典的做法，不符合专业辞典的编纂原则。在全国范围内，现在把从北京到浙江八个省市作为大运河文化带，我们把辞典也按省市分为八卷，但每一卷都是展示这个地域范围内的运河文化，而非全部地域文化。也就是说，专业辞典是以专业为范畴的，只有地域辞典才以行政区划为范畴。《北京卷》在编纂起步时曾对此进行讨论。北京市还有划出具体的大运河文化带范围，即把昌平、海淀、东城、西城、朝阳、通州、顺义七个区作为广义大运河文化带。实际上，运河文化的地理空间要比这七个区深远，这七个区的范围并没有完全包括。密云、平谷、房山、大兴等区不在这个规划带上，但古代大运河都曾有这些区有紧密关联。《江苏卷》选条的地理空间是符合专业辞典要求的，请再筛查一下，是否有与大运河江苏地域无关或有关但不值得入典的条目，比如《清明上河图》、淮海战役、安史之乱等。第四，和其他卷条目的重复。这在水道水系、运河与运营管理、人物与历史事件和综合部分的文献、著述中最容易重复。《江苏卷》在水道水系部分对跨省市河流如“通济渠”，重点写江苏一段比较妥善，但分类标题为“历代运河河道及遗址”，“及遗址”是多余的，因为这一部分展示的是原状而非遗址，遗址可点到为止，需要时可在文物部分列遗址专条。运河与运营管理部分，应按层级明确列条，比如中央机构、中央职官，应归于这个机构、职官存在时的首都省市，即隋、唐、北宋由《河南卷》承担，南宋由《浙江卷》承担，明由《江苏卷》《北京卷》承担，金、元、清由《北京卷》承担，民国由《江苏卷》承担。如有的中央部门设在地方，则由地方承担。如三国时魏国设立的“水部”，应归《山东卷》或《河南卷》，而“都水清吏司”在明洪武年间设于南京，应由《江苏卷》承担，等等。运河附属设施管理类，有镇江府、常州府等官衔，什么原因列入运河附属设施？运河人物部分也应区分一下出生地和主要业绩地，中央大员和地方人员。中央大员也应区别，如其业绩是全国性的，如秦始皇、隋炀帝、朱棣、康熙帝等，应归当时首都所在的省市卷；是地方性的，比如靳辅、陈潢等都是中央名臣，但主要业绩在地方，应在主要业绩地所属省市卷列条。试写的 5 个人物条目，就内容和写法都是合格的，但放在哪一卷更合适？应与《河南卷》《浙江卷》《北京卷》协商。历史事件应分两类：一种是大运河自身的重大变化，一种是发生在大运河文化带上与大运河关联的事件。前者应再搜寻一下，比如运河的节点事件、重大水患等，后者主要是由运河引发的社会事件等。综合部分的文献、志书类，也应区分。内容专写本省市的、在本省市出版的、唯一珍本藏于本省市的，可在本省市卷列条。一些经典专著，一般不列条，要列条就应把其中专写运河的部分抽出来单列。

关于试写条目。应研究一下条目体例和释文要素。条目体例已明确，由条头词、定性语、释文三部分组成。试写条目中的定性语，应注意四点。一是缺位。比如水道水系部分，除“中运河”外，其他四个条目都缺定性语。二是不实。比如运河文物部分，五个条目都是用文物保护级别定性。只说明其价值，未点名其性质。“老盐店”条目的定性语是否为“清末、民国时期的食盐发售处”更妥？“洪泽湖大堤铁牛”条目的定性语应是“用于镇水除患和作水险标志之用的铁牛”，“总督漕运公署遗址”条目的定性语应是“淮安市官署遗址”，“清江浦楼”条目的定性语应是“淮安市建筑遗址”，“清晏园”条目的定性语应是“淮安市古典园林”，请再研究一下。还有类似弊病的定性语用“之一”，运河地名部分，除“苏州市”外，其他四条都用“之一”；“同里古镇”条目的定性语为“苏州市吴江区行政区划之一”，应改为“苏州市运河沿岸古镇”。三是不准。如“水部”条目的定性语为“三国时期河道管理官署名”，实际上，这个官署名不仅仅在三国时期使用，一直延续到晋、北魏、北齐，直到隋才改为“水部司”，定性语应改为“三国时期开始设立的河道管理官署名”。四是不清。如“淮扬运河”条目，条头词后为“古称邗沟、里运河、渠水、韩江、中渎水、山阳渎等，指的是从江苏省淮安市（中国大运河与古淮河交点）到扬州市（中国大运河与长江交点）的这段河道，全长170余千米”。这段话是定性语还是释文，不清楚，它的位置是定性语，内容却像释文，改为“苏北运河主河道”即可。撰写条目中释文，首先应研究每类条目内容的要素，比如水道的要素，应是位于何处、何时开凿、流向与流地、变迁状况、现状、简评等。“通济渠”条目，不仅缺定性语，流向与流域也不清晰。“山阳渎”条目，实际上和“邗沟”条目重复，邗沟何时称山阳渎、如何变迁等，也未交代。其他部分的条目都应先把释文要素定下来，而后动笔。其次明确撰写条目的角度，是原状还是遗址。水工设施中的“护城古堤”条目，在定性语后就写“护城古堤的遗址，位于……”。“天妃坝”条目亦是如此。如果写遗址应放在文物部分，不可用遗址代替原状。再次是释文内容应梳理清楚。“山阳渎”“通济渠”等条目，都应再梳理一下。

此外，江苏省是大运河流域广泛、历史久远、至今仍发挥航运作用的比较特殊的地域，在辞典占位的分量较重，希望能把十分复杂的运河文化理清楚，文字可多一些。

《浙江卷》

《浙江卷》共设置条目 2257 条，试写 44 条。特点是条目设置十分细致。浙江地域特点十分明显，条目排列采用地域分类和历史分期交叉复式排列法，看起来复杂一些，但时空层次是清楚的。条目数量比其他卷多出一倍，如果每条平均500字，总字数将超过 100 万。因浙江、江苏二省的大运河文化内容要多于其他省市，因此字数多一些是可以的，但过多就不好处理。建议再研究审查一下条目总数，把不属本卷记述的内容送归他卷，如人物部分的隋炀帝、朱棣、白居易等。把与大运河关联不大的删除，如一些名人故居、军事建筑、经典文献、隋朝统一全国、南宋灭亡等条目。把可能合并的合条，如有的地名、河道等，京杭运河航道改造就可归类一两条。现在“消肿”容易，到条目撰写后再删除，不仅浪费时间精力，而且会出现诸多矛盾。条目总表中，也有内容缺失和归类不科学的问题。比如，漕运设施类别下的码头、闸坝等应归于水工设施部分，江河、水库等应归于水道水系部分，历史文化街区、节庆活动等应归于文化部分，一些遗址应归于文物部分，等等。文物应分大运河自身的文物和关联文物，对自身文物应收尽收，对关联文物有选择地重点收取。其中的水利工程类别条目应归入水工设施部分等。

关于试写条目。运河与运营管理部分 4 个条目、运河地名部分 5 个条目、人物与历史事件部分 5 个条目、综合部分的“浙江省文物局”和《梦粱录》等条目都没有定性语；有些条目定性语不准确或不精练。如“嘉兴造船厂旧址”条目，定性语为“过去嘉兴第一、第二造船厂生产合作社合并而成的造船厂遗留建筑”，是否改为“大运河嘉兴段遗产点”或“嘉兴市企业建筑遗址”更好一些？“鉴湖”条目，定性语为“运河重要水系”，水系还是湖泊？“重要”二字也是多余的。在定性语中，少用“重要”，因为“重要”与否是比较而言的，如都重要就是都不重要。又如“司马高桥”条目，定性语为“横跨运河古河道”，不是河道，是桥梁，应是运河桥梁，“横跨”“古”三个字是多余的。“杉青闸遗址”条目，定性语为“嘉兴古运河口控制水流的重要水利设施”，可精减为“水利设施遗址”。有的条目以价值评价代替性质表述，主要是运河文物部分，以“文物保护单位”代替事物是什么表达。如“绍兴古纤道”条目，定性语应是“古代水运设施”，只写“全国重点文物保护单位”是不全面的。“嘉兴三塔”条目，定性语应是“嘉兴市古塔建筑”，只写“重要运河景观”也是不准确、不全面的。有些条目释文要素不全或内容庞杂。如“杭州洋关”条目，不仅没有定性语，释文内容逻辑不顺、时空混乱，虚言浮词过多，全条达1300多字。运河与运营管理部分的其他条目和运河地名部分一些条目，都有类似问题。有些条目撰写的角度走偏，主要是撰写重点内容转移，没有分清遗址和原状，比如水工设施部分，重点是原状，但有的条目内容转向了遗址。

《北京卷》

《北京卷》暂定书稿，除封面外，已大体成形，无论内容还是体例基本上实现了顶层设计的目标。在审阅其他七卷的条目总表和试写条目稿后，回头审视《北京卷》，可以说，其他七卷的不足，《北京卷》也都程度不同地存在，其他七卷还有许多供《北京卷》借鉴、学习之处。因此，如何调整、补充、修改，使之进一步精到、完善，确保高质量出书，是《北京卷》编纂最后阶段需要攻坚克难的任务。应当完善和修改的地方不少，但问题最多的仍然是条目的设置和条目的撰写。

一、关于条目的设置

1. 增设：漕运码头缺综述条目，清代黄运河图（综述条目，现存乾隆《九省运河泉源水利情形图》以及咸丰、光绪年间绘制的纪实性河图绘画），罗梦鸿（罗教创始人），罗教，水手行帮，水神信仰（金龙四大王、妈祖、龙王、河神等），等等。

2. 合并："海运仓（明）"与"海运仓（清）"两条、"通仓（明）"与"通仓（清）"两条可分别合成一条。

3. 移到他卷："陈仪"条目，是否放在《天津卷》或《河北卷》？其政绩突出在天津，出生地为河北。"施世纶"条目，任漕运总督时驻淮安，是否与《江苏卷》协商，移到《江苏卷》？"水部"条目，三国曹魏始设，可放《河南卷》。"隋炀帝"条目，当时首都为洛阳，应放《河南卷》。"杨行中"条目，人物主要业绩在浙江和江苏，应移到《浙江卷》或《江苏卷》。

4. 删改：“利玛窦和外国传教士墓地”“洼里龙王庙”“刘锡信”等条目，释文中没有与大运河关联内容，如有关联应补充修改，如无关联就删去。

二、关于条目的撰写

条目的条头词,除少数几个水道条目需要加括号北京段外,大体可行。需要修改的主要问题还是定性语不实、不准、不精和释文表述不准确、不完整、与运河关联内容不突出等。

定性语不实。主要有三种情况：一是用“之一”替代实体。如“白浮泉”条目，定性语为“西山十泉之一”。“西山十泉”是人们对白浮瓮山河沿线十泉的习惯性说法，并非西山只有十泉，以“西山十泉”定性某一泉，等于以泉定泉，过虚过泛，应是“元代通惠河水源头”。此外，还有一些条目，也用“之一”定性，如元、明、清粮仓，多以“京仓之一”“通仓之一”“京师十三仓之一”等定性；对城门，以“内城九门之一”“外城七门之一”定性；“街道”和“乡镇”定性语为某区“行政区划之一”等，都应补充修改。河渠治理类条目，多用“北京河湖水环境治理的重要组成部分”作定性语。这句话既有虚泛不实的问题，也有以偏概全的问题。因为河湖治理历代都有，北京河湖水环境治理，一般指当代的行为。类似问题，在不少河湖治理类条目中都存在。二是用“文物保护单位”作定性语。如“白浮泉遗址”条目的定性语为“全国重点文物保护单位”，这是定价值，不是定性质。应把后一句“京杭大运河水源起点遗址”放在前面，这才是定性语。类似情况在《北京卷》初定稿中文化和文物部分普遍存在。比如“故宫”条目，定性语为“世界文化遗产、全国重点文物保护单位”，应改为“明清皇宫”或“明清皇家宫殿”。“广化寺”条目，定性语为“北京市文物保护单位”，前面应增加“后海北岸佛教寺院”。三是用模糊的价值尺度“重要”作定性。如“白粮”条目，定性语为“漕运重要物资”，重要与不重要是相对的，漕运物资哪些是不重要的？白粮是漕粮中的专供宫廷和官员用粮，定性语应改为“专供宫廷和官员用的漕粮”。“汉代路县故城遗址”条目，定性语为“北京重要考古成果”，应改为“大运河沿线故城遗址”。

定性语不准。如“八一湖”条目，定性语为“北京中心城区湖泊”。“八一湖”在旧城外海淀区，不属于“中心城区”。同样，“昆明湖”条目，定性语为“北京中心城区湖泊”，昆明湖更不属于北京中心城区。“长河”条目，定性语为“通惠河上源河流”。长河上源还有白浮瓮山河，难分上中下，也没有这个习惯性说法，应改为“水源河流”。“朝鲜贡使团进京”条目，定性语为“朝鲜使团来华进贡活动”，缺时代表述，应加“明清时期”。“浮桥”条目，定性语为“通州旧时渡河桥”。“旧时”是何时？应是“明清通州城周边渡河桥”。“大通闸”条目，定性语为“五闸二坝头闸”，明代闸坝很多，是什么河上的闸？缺地域方位，应是“明代通惠河‘五闸二坝’中的头闸”。“郭守敬”条目，定性语为“通惠河开凿的主持者”，没有错，但作为全面介绍人物的条目，定性语应提炼出对其一生的概括性定评，只讲一点，失之片面，应改为“元代天文学家、数学家、水利专家。京杭大运河规划设计者和通惠河开凿的主持者”。应注意在条目定性语中的时间和地点，许多事物没有定时定位，就很难定性。“河北梆子”条目，定性语为“流行于北京的戏曲剧种”，河北梆子不仅在北京流行，在天津、河北也流行，应是“诞生于河北的梆子腔剧种”。“《顺天府志》（光绪）”条目，定性语为“北京地方志集大成之作”，“集大成”不妥，当代志书就不可能包括其中，一些古代志书也未包括其内，应改为“清代北京地方志书”。

定性语不精。如“金水河”条目，定性语为“金中都、元大都及明清皇城供水的河流，也是汉代以来为皇城供水的河流的统称”，只需“中国古代流入皇城河渠的通称”即可。“清河”条目，定性语为“温榆河主要支流之一”，删去“主要”即可。“水利志”条目，定性语为“记载水利和运河文化的一类志书”，应改为“记载地区水利的志书”。

释文表述不准确。如“海淀区”条目，释文中的“明代，玉泉水系成为北京城唯一地表水源地”，可说“主要”，不可说“唯一”。“刘绍棠”条目，释文写“1948 年参加革命”，他 1936 年出生，1948 年才 12 岁，需要进一步核实。“三家店村”条目，释文写“村南三家店拦河闸是永定河上第一座大型水利枢纽工程”，第一座？请再核实一下。

释文表述不完整，缺重要内容。如“浩然”条目，没有写他是《运河》杂志第一任主编。为浩然立条，主要是因为他是创刊主编。“忽必烈建大都”条目，属于大运河关联的重大事件，关联内容不鲜明突出，“大都”城是什么样子也未表述。“苏禄王进京”，释文应点出苏禄国现属菲律宾。“颐和园”条目，释文缺“世界文化遗产”性质。“永定河”条目，释文缺河流的发源地。还有一些条目缺时间或地点等。

与大运河关联内容不突出。比如“京密引水渠”条目，是20世纪60年代开挖的，其中两段与大运河有关联，一段是从昌平到昆明湖，大体上是按白浮瓮山河的线路开挖的；另一段是从昆明湖到玉渊潭，是利用了一段长河旧道。白浮瓮山河和长河都是大运河北京段的引水河，因此，京密引水渠与大运河属于不同时代的间接关联，可列条，但要突出关联内容，不可把京密引水渠等同于大运河水道。现在的条目释文没有突出关联内容，应把两段关联表述提到前面，然后再展开说明。与此条有关的是“安河闸”条目，其定性语为“京密引水渠水工设施”，小头戴大帽子。“安河闸”是京密引水渠的河闸，不是大运河引水道的河闸，严格意义上，它与大运河没有实际关联，现在条目的释文只说明和京密引水渠的关系，没有与大运河关联的内容。但它建立在大运河引水道的节点上，如果要列条，就把这个位置在运河史上的重要性说清楚，否则删除这个条目。

（2020年11月）

再谈辞典条目的设置和撰写

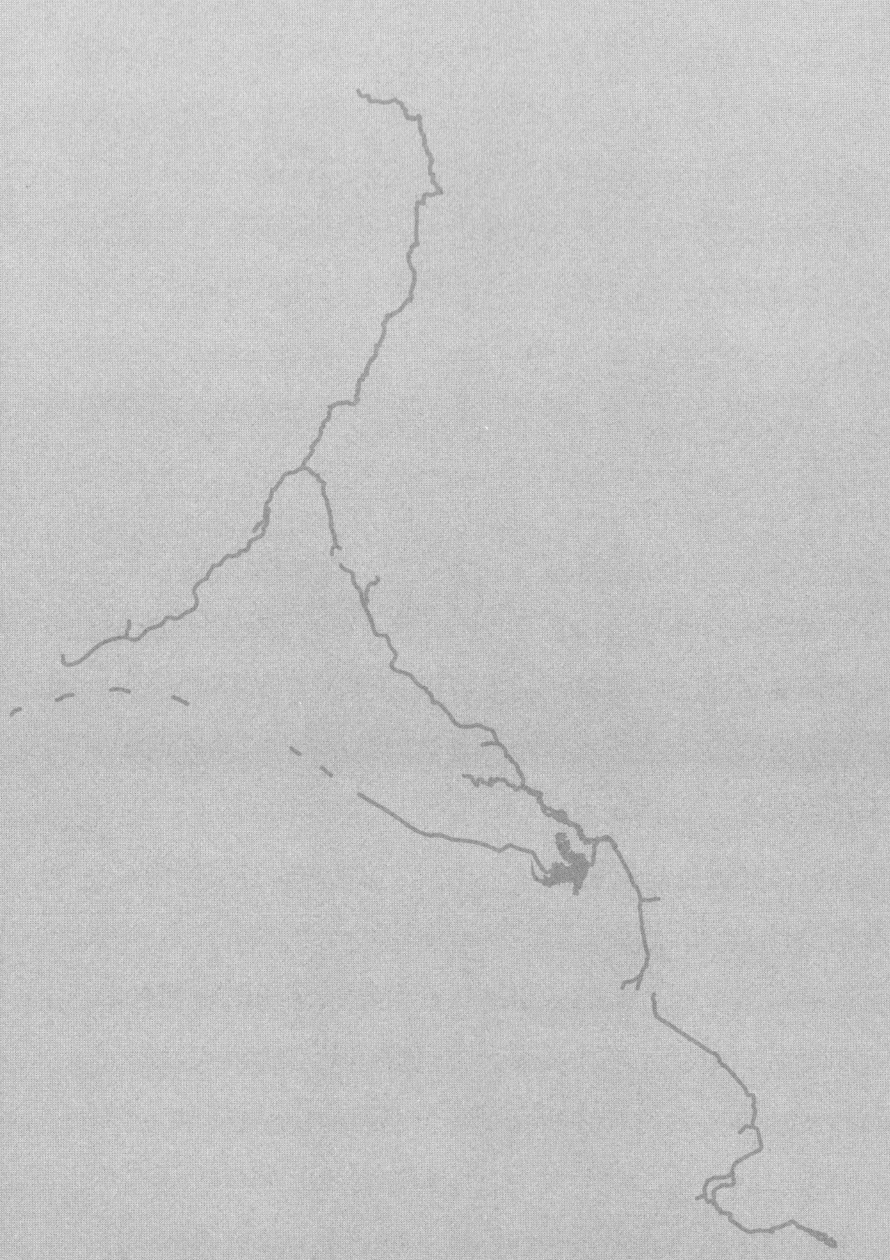

条目的设置和撰写，是辞典编纂的核心问题，也是编纂过程中难点较多，需要反复研究、精心审定的问题。我就对条目总表的调整完善、条目的选定和撰写、跨省市条目设置和撰写等三个问题，再谈点意见。

一、关于条目总表的调整完善

条目总表是辞典内容的系统构成和点睛式全面展示。在初稿撰写全部完成后，应回头对条目总表进行一次全面深入地认真审视。着力点是，首先看内容是否有重要遗漏，是否有与大运河无关和记述无意义的条目；其次看条目总表的结构即条目分类排序是否合理，是否具有相互关联的整体性、系统性。第一点大家比较明确，而且对内容一直在补充、删削和调整，进入修改审查阶段，这更是主要任务。第二点，现在还不很明确，应多说几句。

条目排序的系统性，反映的是著作者对全书知识的全面性和深广度的理解，主要体现在内容分类合理、领属的得当、排序顺畅和衔接连贯上。就分类而言，应以航运为中心，一切围绕航运，服务于航运，因航运发生、发展、变化。航运的基础是水道水系，其中航运水道是核心、是主线、是辞典撰写的总纲。运河水系、水柜和相关工程是通航的基础，水工设施和运河与运营管理是通航的保障，运河地名、运河经济、运河文化、运河文物和历史事件等都是运河的派生产物。其中，地名是在运河大小节点上，因人口聚集形成的城、镇、村落等地域名称；经济和文化也是因人口和货物流动而形成的生存和生活的形态，运河文物是运河千年运行而沉积的文化实体，运河人物是为运河开凿、运行保障、运河文化宣传做出突出贡献者，历史事件则是因运河而生并产生重大影响的事件，最后设置了综合部分，主要是记述应收录而前面八部分又难以收录的内容。这是在条目总表中，条目分类的逻辑关系即以内在关联顺序先后排列的九个部分，也是总表条目分类的第一个层次。在这个层次，各分卷送审的初稿大体是规范的，个别错位的也有，比如把水工设施放在运河与运营管理之后，但容易调整。九个部分，每部分又有两个、三个或四个层次，这些层次中就有不少需要调整完善的地方。比如水道水系部分，各分卷大体上分为四类，即航运水道、运河水系、运河水柜、相关工程。其中航运水道，各卷都比较重视，但由于大运河开凿至今2500多年，中间变化多端，有的已消失，有的多次改道，因此要准确记述，必须以朝代分层，即哪条航道是什么时间、什么状态及其变化才可说清。现送审稿初稿，不少航道不清晰，应按每条航道的不同特点，采取不同方法列条。较大且历史悠久的航道，比如邗沟，不同朝代有不同名称，可按朝代交替顺序，纳入不同朝代系列，一些不很复杂的航道可单独列条，但在释文中应写明各个时代的发展变化，也可把一些重大变化用圈码标题按时代顺序标明其状态。运河水系不应把与运河无关的自然河流水系也包括进去，它的内容应是运河航道为主干加上供水、排水和调节水道的系统。一些自然河流水系有的与大运河有关联，有的无关联或关联不大，是独立于运河之外的水系。比如《北京卷》的永定河、潮白河水系中的一些河道与大运河无关，不可纳入运河水系。应把与大运河有关的自然河流水系，另列相关水系类，即把水道水系的四部分变为五部分较妥当。其他分卷多数也是按《北京卷》分类的，应调整一下。《天津卷》虽然把运河水系和相关河流分设，但对应两种类型的区别则缺乏界定，在具体设条时，把一些属于运河水系河道放在“相关河流”类，而纳入一些不属于运河水系的河道，应研究调整，使之各就其位。运河水柜类，主要是指与大运河水系相关的湖、泊、库、洋、淀、池等，有的分卷把它们称为“分洪”或“水源水柜”，不确切。它们有多种用途，不单单起“供水”或“分洪”作用。有的分卷（《浙江卷》）把水道水系、水工设施和运河地名部分，在省属地域内又增设了地市一级，增加了一个地域层次，这样有地域视角更清晰的优点，写起来比较容易，但把条状的河流，在已分为八省市段落的情况下，再行分割，就把一条河道变得碎片化、复杂化、模糊化了，弊大于利。相关工程类，应是维护大运河运行的工程，包括输水、排水、疏通、维护等工程，属于建设工程，应与已形成的水工设施区别开来。此外，在运河与运营管理中，应是机构、职官、夫役、制度，主要应分清机构和职官的层级、职能和管辖范围，夫役是运河夫役还是运营夫役，是通河夫役还是地域夫役，是职业性夫役还是季节性夫役。有些夫役，名称一样，但内涵不一，即便内涵一样，也应有地区性特点。运河地名是运河产生或因运河而发展的城、镇、村落等地域名称，应按运河水流的顺序排列，不可按城市或区域的行政区划顺序排列。运河经济，重点是漕运，然后是因运河而生的各种经济形态。运河文化，也是由运河而生或运河传播的文化，按文化形态排列。运河文物，应分为可移动和不可移动两类。运河人物按开凿疏浚者、管理者、研究传播者原则取条，以时代排序，历史事件也以时代排序。

总之，条目总表，应再审视调整，使之更规范明晰，更富有逻辑性。

二、关于条目的选定和撰写

条目文稿比试写稿虽然有了很大改善，但还有一些方面需要完善提高。在条目的选定上，因为辞典的规模是既定的，所以条目数量是受总规模约束的，这就需要在有限的篇幅内突出重要内容，又不遗漏主要内容；需要在浩如烟海的知识中寻求所需资料，在丰富的资料中选精取粹。因此辞典条目的选取是否囊括了大运河文化知识的主要内容而且选取了精华加以清晰地展示，是衡量辞典编纂是否成功和质量高低的主要标准。目前送审稿的问题：一是 8 个分卷都不同程度地存在一些重要内容未列条和有些条目内容不足以列单条或与运河无关联或其关联不足以支撑条目的问题；二是由于大运河在各省市流淌的时间、地域特点和形成的经济文化、城镇等不同，形成的运河文化积淀不同，各卷在知识展示上只能大体平衡。在九部分内容中，有两类内容应做到应有尽有：一部分是航运水道和运河水系，另一部分是凡是申遗报告中可以条目展示的都应列条。其他部分应按辞典规模容量进行选定。选定时，各卷之间的各部分因有客观差异，条目数量按实际情况选定，相互间不必攀比。总体上各卷规模，也不必整齐划一，都是50万字，但也应避免落差过大。一些内容丰富的分卷可超50万，到60万字亦可，内容相对较少、资料不足的分卷不必一定要凑到50万字，可不少于40万字。

在条目的撰写上，送审稿比试写稿在规范化上大大进了一步，但仍有一些问题需要研究。辞典的条目由三部分组成，即条头词、定性语和释文。这三部分在各分卷中都不同程度地存在不规范、不准确之处。条头词是条目的名字，要简洁明确，尽可能名词化。现在的问题：一是不明确。比如“镇河铁犀遗址”条目，在定性语和释文中都讲的是“铁犀”文物，而条头词则是遗址，究竟是“文物”还是“遗址”？是条头词的问题还是定性语和释文的问题？从列条目的看，应是文化含量较高的文物，而非遗址。二是不简洁。比如“唐东都洛阳上阳宫皇家园林遗址”，省写为“上阳宫皇家园林遗址”即可，“唐东都洛阳”是多余的。

在定性语的撰写上，送审稿的问题比较多一些。定性语是用一两句话对事物作出定性，这是条目中不可缺少的，也是较难撰写的。送审稿的问题：一是有些条目仍然没有定性语。在条头词后面就是释文，脱离辞典的写作规范。在《安徽卷》中比较多。二是仍然存在用一个泛泛的概念替代事物的具体特性。如用“文物保护单位”或“非遗项目”替代具体文物和项目。这在《山东卷》中比较多。如“太白楼”条目，定性语为“山东省文物保护单位”，应改为“济宁古阁楼”。文物保护单位和“非遗项目”指的是文物的价值，不是性质，只可作为定性语的补充，不可作为定性语的主体。也不可把价值放在性质前面。三是以事物的数量、年代、位置作为定性语。数量多少、什么时间、什么位置都不可能说明事物的性质，即事物“是什么”的问题，必要时可作为定性语的辅助用语，不能替代定性。如“潮白河”条目的定性语，《北京卷》为“流经北京的第二大河”，《河北卷》为“北运河主要水源支流之一”，不论“第二大”还是“之一”，都不是事物的性质，应改为“潮河和白河汇合后的河名”。还有用“之一”替代事物的具体特性。比如“三岔河口漕市”条目的定性语为“漕市之一”，应改为“海河、南运河、北运河三河交汇处的漕市”或“因运河而兴的漕运市场”。“菏水”条目的定性语为“山东省内第一条人工运河”，应当是“春秋时期沟通泗水与济水的人工运河”。“白沟”条目的定性语为“用于战时引通航的河渠”，改为“东汉开通以运输军粮的人工运河”为妥。此外，“陈蔡运河”条目的定性语为“中原地区最早的运河”、“洛河”条目的定性语为“黄河下游南岸大支流”等，都未点明其性质。四是过于简化。如一些与运河有关的职官，定性语为“官名”，应具体化其岗位职责，即是什么官职。在条目的撰写中，定性语是亮点也是难点，亮点是用一两句话就可使读者对某一事物一目了然，难点是对事物准确定性，需要对事物有准确认识和概括提炼能力。

释文是对条头词即事物的解析，是条目的基础性内容，既要全面准确，又要突出特点。针对现在的主要问题，出版社编辑部同志列了 9 条，其他同志也有提示，归纳起来：一是要素不全。有些条目的内容，有重要遗漏。比如水道水系的存在时间、流经地域、独特形态、重大变化和现状等，水工设施的建造时间、背景、状态、效用和现状等，运河和运营管理的机构、职官、夫役、制度等，运河地名中市、区、乡、镇、村的区位、规模、形成原因和历史发展、特点与现状等，运河经济的发生、发展、形态和现状等，运河文化的类型和产生、发展、历史意义及现状等，运河文物所在地点、规模、状态、价值和现状等，运河人物的生平和对运河的主要功绩，运河历史事件的时间、地点、背景、过程、影响等，都是条目释文不可少的。初稿的送审稿中，有不少条目的内容对以上所述的要素多有遗漏，需要补充完善。二是重点不明。每个条目都有应重点展示的内容，释文应给以较多篇幅。比如运河航道的开通和利用的时间、空间、形态和效果，水工设施修建的原因、形态和现状，经济、文化的形态和影响，人物的生平和对运河的贡献，等等。不少条目把重点内容置于泛泛的记述中。其中较为普遍的是没有突出事物与运河的关联，如果对事物与运河的关联内容淡化或一笔带过，那么这个条目在辞典中的分量就会大大降低。三是内容走偏。释文应紧紧扣住条头词和定性语展开，但有的条目偏离主题，把文字过多地用在相关事物上。比如，文物类的某地遗址，大量篇幅用在对某地的介绍上，把遗址摆在次要位置；一些文物条目，主要篇幅放在了挖掘考证上，而忽视文物本身的历史价值。旅游类条目，对未来的展示内容，大大超过了对历史和现状的记述。四是释文结构中圈码标题的设立错位。应放在叙述内容之后，却放在了中间；应设未设，同一事物不同时代有较大变化，甚至名称也有变动的，应设圈码标题，可突出其不同时代的变化特征。不必设圈码标题的硬设。有的已设参见，又设了圈码标题；有的内容很少，可在叙述中记述，也设了圈码标题。五是语言不准确、不精练和过分口语化等，也在不少条目中存在。

三、关于跨省市条目的设置和撰写

大运河几乎是贯通国家南北的跨省市人工河流，大运河文化的各种形态不少是跨省市存在，因此《大运河文化辞典》的编纂中必然会出现跨省市条目，如何妥善处理这些条目的设置和撰写，使其在各个分卷中能统一、规范、协调，是我们这部书编纂应重视的问题。在这个问题上，比较突出的是水道水系部分，运河与运营管理、运河经济和文化以及人物部分也有一些内容需要协商处理。

在辞典编纂中，是以运河水道为纲带出与之有关的文化现象，但水道不论是整体存在，还是地域局部的特殊存在，不少是跨省市的，其线路和状态也是多变的，这就需要对每一条或每一特殊河段作出时空状态的准确记述。又由于我们的辞典是采取“多元一体”的编辑方法，八省市各编一卷，各卷相对独立而又要求紧密联系，形成整体，这就出现了具有跨省市内容的条目如何设置和同一条目在不同分卷中如何撰写的问题。在列条方面，原则是应列尽列，把凡是与大运河有关的河道，不论是现存的还是已消失的，只要有据可证，都应一一列条。同一名称的同一条河道，流经不同省市，可用同一条头词，相应的也应用同一定性语，在释文记述上，也都应先作简明全面的介绍，然后以较多篇幅具体展示本省市的情况。跨省市内容的同一条目的不同点在于，省市外的内容尽量简化，省市内部分则要具体化，使用较多篇幅并突出其特点，诸如补水、排水、改道、扩容、维护、利用等方面的变化。在初稿送审稿中，这方面的问题主要有四点：

一是条目设置不规范。比如永定河，发源于山西省，流经河北省、内蒙古自治区、北京市、天津市，是一条与大运河密切关联的自然河流。对这条河的条目设置上，《河北卷》《北京卷》《天津卷》各不相同。《河北卷》列有永定河、桑干河2个条目，把治水、漯水、清泉河，卢沟河、浑河、无定河、小黄河等列入参见条目；《北京卷》设置永定河、桑干河、卢沟河、浑河、无定河等5个条目，把治水、漯水、蓟水、三海大河纳入参见条目；《天津卷》设有永定河、小黄河、无定河、永定河中泓古道、永定河南泓古道、永定河北泓古道、永定河泛区等条目。永定河到底是一条什么样的河？与大运河有何关联？现在的条目设置不仅给不了读者以清晰的认知，反而造成了思想混乱。这条河流的名称历史上多次变化，在不同地域也有不同名称，永定河定名于清代，使用到现在。因此，《河北卷》《北京卷》《天津卷》三卷都应设“永定河”条目，应有统一的定性语、雷同的全局性介绍、独特的地域性记述，并把重点放在独特的地域性记述上。在“永定河”条目中，对于历代和地域的不同名称，如河流实体无大区别可在释文的历史叙述中说明，如有较大的变化可用圈码标题或参见，如带有特殊或根本性变化可另设条目。三省市编纂者应协商研究一下，各卷在永定河水系中立多少条目为宜，数量根据各省市特点而定。其他卷，诸如《江苏卷》和《河南卷》都设有“通济渠”条目，虽展示的是同一条河道，但定性语和释文应一致的内容，却各有说法。《江苏卷》在定性语和释文的全局性记述方面比较成熟，但对于在江苏省曾流经的地域、变化和现状缺乏说明；《河南卷》内容比较丰富，对河南部分也作了较详细的记述，但需要在内容记述上的必要性、精准性和逻辑性再加工。《河南卷》和《河北卷》都设有“永济渠”条目，也应协调。跨省市条目较多的还有《江苏卷》和《浙江卷》、《河南卷》和《安徽卷》、《江苏卷》和《安徽卷》等。总之，每一卷都有类似情况，各卷应作为一个专题协商处理。

二是条目设置难定夺。有些省市因管辖地域的变化，一些内容在两卷中设条都有一定道理。比如以往的临清，现划为山东的临清和河北的临西两地。历史上的一些经济、文化现象，在两地都有呈现，比如作为中华传统手工艺的“临清贡砖”，应当列条，但因它是独特的事物，不可能分设在两卷，是列在《山东卷》还是《河北卷》？都有道理。列在《河北卷》，是因为它的原产地在临西；列在《山东卷》，是因这个名牌古时就以临清命名，山东省已把它定为中华传统手工艺术，因此两卷应协商。我的意见是，因传统名称不可改变，山东省已把它列为传统文化的名牌名录，列入《山东卷》比较妥当。从宏观上看，我们是一部辞典，只要把重要内容纳入其中，放在哪一卷并不是太大原则问题。

三是条目的定性语不统一。同一类事物应有同样或相近的定性，现在的送审稿，同一条目出现了不同的定性语。比如“北运河”条目，《河北卷》定性为“京杭大运河的最北端”，《北京卷》定性为“北运河水系干流河道”，《天津卷》已设条但尚未撰写。应使用规范性定性语，比如“京杭大运河北段河道”。“潮白河”条目、“永定河”条目等都有同类问题。

四是条目的释文缺乏规范性。应是先总述后分述，总述主要是全局性内容，应简明概括；分述主要是对本地域的情况记述，应具体，上下衔接明确，突出本地域特点，特别要突出事物与大运河的关联。

（2021 年 7 月）

进一步做好辞典的补充、删改和完善工作

——对《大运河文化辞典》送审稿的修改意见

《大运河文化辞典》（八卷本）经过两年多的奋斗，从领受任务、确立主题、设计框架、组织和培训队伍、搜集资料、实地考察，到试写、形成初稿，再经审议补充修改，形成了现在的送审稿。编纂工作办公室请了一些大运河研究和辞书编纂专家，分别对各分卷进行了审读，提出了大量的补充、删改和完善的意见。首先感谢他们的辛勤劳作，他们的这些意见和建议，必将对这部辞典的质量提高和出版保障起到重要作用。我们现在应做的是对这些意见和建议进行认真研究，尽可能消化吸收，使书稿的质量有一个较大的提高，力争按时拿出一套合格的、读者认可的最后审定稿。

在《大运河文化辞典》送审稿的专家审读意见基础上，我对辞典的进一步修改讲点补充意见，供大家讨论时参考。

一、关于条目总表

条目总表是辞典内容全面、具体的辞目化展示，是辞书编纂提纲挈领的关键环节。条目总表的确立，决定了辞典内容的范畴、规模、类型及其特点、重点、亮点，也标示了对资料选用的要求和排序的原则。对辞书编纂者来说，是从宏观设计向具体操作起步的规范。现在各分卷的条目总表，总体上看，基础是好的，范畴、类型、规模是基本合格的，但各卷之间质量差距较大，专家审读也提出了不少需要进一步完善的意见。带有共性的，主要是三方面的问题：

一是条目排列应有规有序。“规”就是依据什么道理和原则，“序”就是按照道理和原则理顺先后次序。现在的问题是包括《北京卷》在内的各分卷的条目总表都存在排列不规范的问题。条目表的排列看起来简单，实际上很有学问，反映的是编纂者对事物发展规律性的认识程度。不同的类型应有不同的原则、章法。《大运河文化辞典》总体的排序，是以中共中央办公厅、国务院办公厅印发的《大运河文化保护传承利用规划纲要》为依据，按此文件规定的“大运河由京杭大运河、隋唐大运河、浙东运河现有和历史上最近使用的主河道构成。大运河文化带以大运河流经的北京、天津、河北、山东、河南、安徽、江苏、浙江等8省（市）为规划范围”来规范辞典的整体排序，即应以大运河流向、最近使用的主河道为主线，从北到南或从西到东排序。比如八卷排序为《北京卷》《天津卷》《河北卷》《山东卷》《河南卷》《安徽卷》《江苏卷》《浙江卷》。每卷又以运河在各省市分布的主河道为纲，分类安排内容，各类又应以其特点，找出主线，顺序排列。比如地名部分，送审稿有按各省市既定的行政区划顺序排列的，有按省、市（地）、县（区）、乡（镇）、村排序的。作为大运河主题辞典，这部分应以大运河为中心，以最近使用的主河道为主线，顺序分层排序。按大运河水系分布，形成顺势、分层、网状有序的条目结构。首先是沿大运河把有列条价值的市（地）列条，然后是市（地）内的县、县内的乡（镇）、村，都要沿大运河水脉分层排列，这样使地名与大运河的关联更清晰。其中只有名称而无实体的，一般不应列条，其中有重要影响的可归入文化遗产部分，或在相关条目中附带介绍。这一点说起来容易，做起来并非轻而易举，需要认真研究。又如人物部分，在送审稿中，多是先分类，后排序，各类再按生卒年排序。现在看把人物分为开拓者、管理者、大运河文化记录和宣扬者等类，很难做到准确归类，有些人物既是设计开拓者，又是管理者。比如对大运河倡修有重大贡献的帝王和大臣，就很难归类。《北京卷》等一些分卷把隋炀帝归之管理者类，就很不准确。因此，应顺应大运河产生发展的历史时序排序较为妥当，即以人物生卒年大排序，既明白无误，又躲过一部分人难以归类的问题。大运河在不同历史时期都有做出突出贡献的人物，以时间顺序大排序，更容易把人物生存及其业绩和时代背景紧密结合起来，加深对人物的认识。

二是有一些重要内容未列条。遗漏较多的是运河与运营管理方面的制度、机构和职官。比如不同朝代都有运河与运营管理规定，应选择其全局性、长久性，发生作用的或有重大变革的规范设立条目；沿河管理河运机构，如重要的卫所、驿站和上级派驻衙署，也有不少应列条而未列的；各朝代管理运河的官吏，特别是高层，如东河总督、管河指挥等也有缺失。又如，一些与大运河有关的重大事件，类似黄河、淮河等发生决口，对大运河形成巨大冲击，甚至迫使其改道。在大运河上发生的火烧漕船、李青山劫漕案、王伦起义等，都应列条表述。在这次专家审读的意见中，有的直接提出应补充列条的内容，有的则只举例旁批，我们应举一反三，尽可能弥补缺项。要十分注意，不遗漏核心的重要内容。特别是在《大运河文化保护传承利用规划纲要》和《中国大运河申报世界遗产文本》中所点出的物质和非物质文化遗产及有关重要内容，要逐一核对是否有未列条的遗漏。

三是有些条目的内容与大运河无关或关联度不高，列条意义不大应删除。例如有些运河不属于大运河水系。应明确，我们的辞典是大运河辞典，而非运河辞典。有些古运河河道，被大运河利用，应说明其关联度，有选择地列条。有些运河并不属于大运河水系，已列条的应删除。此外，辞典中的用语，不可以“运河”替代“大运河”，在“运河”前应加“大”字；一些自然水系，既不是大运河的组成部分，也不是大运河的水源河或排水河，也不应列条展示。应明确，辞典列条的必须是大运河水系，而非自然水系。有些事物或人物是大运河修建以前的或大运河已消失或停运后产生的，不可因它们在大运河文化带上就列条，如 1962 年海河水质变咸、会师金汤桥等，特别是一些上古人物，有的是神话传说，类似黄帝、大禹等。问题比较突出的是文物部分，有的把大运河文化带上的文物，都说成是大运河文物，比如，有的分卷列有 108 个条目，专家认定与大运河有关的只有 29 条。《大运河文化辞典》内容是大运河文化，而在大运河产生之前的文化，一般不应列条，少数与大运河有关联的，也要研究其关联度，列条是特例。应明确，大运河有特定的时空界限，超越时空范围的不应列条。还有一些重复的条目，也应研究为什么重复，比如，同一条河，不同时代并没有根本性变化，但都列有多个条目；曹操等人物，也在多卷列条。有的内容雷同，可合并或以参见解决。有的条目，虽然与大运河有关，但分量不够，列条意义不大。应明确，我们列条是选不是全。比如地名，沿大运河大中小城市、村镇很多，不可能全列条纳入辞典，只能选择因大运河而生、而长、历史影响较大的列条。在专家审读意见中，建议删除的条目，各卷都有，集中在水道水系部分、运河与运营管理部分、人物部分和文化遗产部分。有的分卷把运河地域的文物都设条展示，专家审读后提出三分之二条目建议删除。当然，是否删除还应认真研究，但确有一些条目与大运河无关联或关联度不高。

二、关于条目撰写

条目是辞典的主体，在条目总表选定的前提下，条目的撰写是辞书质量的决定性因素。条目由条头词、定性语和释文三部分组成，其中难点是定性语的表述，重点是释文中与大运河关联的内容。在这两方面，审读专家都提出了不少问题，有些是硬伤。定性语的不具体、不完善、不准确的问题，几乎在各卷中都不同程度地存在。不具体，即以宽泛的概念代替具体的事物，这在初稿中比较普遍，诸如以文物层级代替文物特点、用“之一”代替事物的个性等。送审稿大有改观，但仍然存在这方面的问题。不完善，即对人物或事物，只表述局部特征，缺乏全局定性，或只写与大运河的关联，不写是什么。特别是对人物的定性语，这方面的问题更多一些。比如，在各卷都涉及不少帝王，定性语不完善者居多。定性语多为某朝皇帝，没有显示他对大运河的贡献。是否应用两句话概括较好一些？先定他是什么人，即某朝皇帝，然后定他与大运河的关联。比如“隋炀帝”条目，定性语第一句应讲他是“隋朝第二任皇帝”，第二句应是“隋唐大运河的倡修者”。前一句说明他是谁，是一般的基础性定性，后一句是对大运河开建的功绩，是与大运河关联程度的定性。对大运河主题辞典而言，不说前一句，反映不了事物的全貌，不说后一句难以呈现人物与大运河的关联，只有把“全”和“特”结合起来，才是完整的定性语表述。此外，还有不少定性语不准确，是以宽泛的概念代替具体的特征。如大运河管理机构，常用“古代官署名”“官衙”等定性，不具体也不精准，类似“导洛通汴司”条目的定性语为“宋代官署名”，就显得空泛，如果改为“宋代疏导洛河和汴河的衙署”，就比较具体实在了。此外，还有条目没有定性语，有些定性文字太长，不精练，都应补充或修改。

释文对事物、人物与大运河关联的内容表述不充分、不突出，是比较明显的问题。释文是条头词的解析，一般情况下，内容有两部分，前部分是简述事物的全貌，然后是具体说明该事物与大运河的关联，后一部分应是这部辞典的核心内容。送审稿中，不少条目对事物与大运河的关联性没有作为重点去展示。有的表述内容过于简单，甚至一两笔带过；有的没有抓住重要内容，写背景太多，打外围、跑野马，无关内容太多；有的只写了局部情况，缺乏系统表述，甚至是抓住次要的，放了主要的。对大运河主题辞典来说，每个条目与大运河的关联是其生存所系，条目释文如没有与大运河关联的内容，这个条目就没有存在价值；如有关联，但没有充分地确地表述，应是质量不高或不合格的条目。在条目的写法上，有的采取渲染、抒情等文艺性或推理、评议、论证性笔法，也是不妥当的。应明确，辞典的写法应是叙述，而非描述或论述。给事物戴高帽子，穿花衣服，采取推理、论证，追求思想深化，实际形成虚化，都是不可取的。还要注意，触及政治敏感问题的内容，如港澳台、民族宗教、某些历史评价等，应认真审定。

三、给以特别关注的问题

1. 失真失实

这是任何著作都应十分重视，不允许发生的问题。一部著作如果出现某些失真失实之处，都是硬伤，如果出现较多，就应被打入废品之列。在辞典送审稿中，这类问题仍未完全杜绝。比如，一些人物的释文、文物的介绍、地名的产生，都有追求远古的现象，把神话当作真实历史，有的是对事物渲染过分，甚至脱离事物存在的实际情况。原因何在？主要是对所使用的资料没有核实，照搬照抄，有的是作者推理或想象，脱离了实际。送审稿中一个很明显的问题，就是条目的释文不少是抄自网络信息，特别是从“百度”抄的尤其多。应当说，丰富的网络信息，对我们书稿的编写起了很大辅助和推动作用，但网络信息随意性很强，常常真假难辨，如使用其资料，必须查证核实。如果确认所选资料真实可靠，也应用适合辞典文风的语言去表述。照搬照抄，即使其内容无错，文气文风上也很难顺畅。这一点对使用报刊和书籍中的资料也是适用的。

2. 前后不一

同一部或一套书籍，无论观点还是内容，必须前后一致。这也是书籍编写的一条铁律。不可前面肯定后面否定，前面说一后面说二。《大运河文化辞典》编纂应特别注意两方面的问题：一是我们的编纂是众手成书，前后不一致的问题极易产生。比如对人物和事物的历史和评价，同一人物、同一条河道、同一种管理制度在各分卷出现时，条目的定性语和释文都有不同程度的差异。应认真核对一下，特别是在基础知识上，不可有不一致之处。漕运何时停止在送审稿两卷中的说法不同，人口数据也有不同依据，形成明显差别，等等。原因何在？主要问题仍然是没有核实查对资料，不同资料来源带有各种差异，如果只依据某一资料，没有佐证，又不去查对，就很容易出现错失。不同编纂者依据的资料不同，就容易出现对同一事物有不同表述和判断，产生前后矛盾。二是我们的辞典还是一套大型的多卷本工具书，不仅在各分卷内部不应出现观点和内容的前后不一问题，在各分卷之间，以及总专文、分卷专文、总图、分图、随文图、大事年表和条目的内容，也要相互配合、补充，使之浑然一体。这就应从全局角度审视局部，避免各方独行其是，产生差异，甚至矛盾的问题。

3. 时空倒错

主要是指事物发生和发展的时间和区位出现混乱。时间是历史发展纵向，空间是事物存在的站位，事物的出生、发展、消亡都有特定的时间和空间。比如大运河水系，从隋代到当代，在不断运行中，有些水道消失，有些水道被陆续开发。时空都有历史定位，如果时间和空间弄错，水道的面貌和性质就会随之变化，就会出现一些常识性的错误。专家指出，有的条目出现混乱、时空移位问题，如“某寺院建于秦”，佛教传入我国是两汉之际，秦代哪有寺院？又如“‘鲁西书院’在唐宋时期衰落”，书院产生于唐代，正式形成于宋，说唐宋时期衰落，时代差太大。利漕渠、吕梁洪等并非在山东境内，却放在了《山东卷》，等等。大运河历史较长，又变化多端，需要在辞典中展示的内容丰富多彩，不少事物的时空定位是学术研究问题。因此，一定要有专业的共识或可靠的依据，否则很容易出现差错。

4. 重复太多

一部大型辞书，在某些事物的设条和内容的展示中，有些重复是难以避免的，甚至是必要的。比如，同一水道或人物，出现在不同分卷中，条目释文的基础性介绍部分应是一样的，类似河流的历史和长度等总体概述、人物的生卒年和简史等，如果不一样，反而会违背“前后一致”的铁律。但在条目释文中与大运河关联的内容，则必须各卷条目突出自身的关联，如果这部分也与有的条目相同，那一定是条目设置的重复或条目撰写不合格的质量问题。在送审稿中，内容重复的条目比较多，水道、管理、经济、人物部分都有同一内容出现在不同分卷中的情况，也有同一分卷中，各类条目之间缺乏统一的协调而发生的重复问题。

四、进一步修改形成终审稿的建议

专家们对送审稿的审读是十分认真的、尽心的，所提的意见和建议也是比较客观的、中肯的。我们应认真研究，建议编纂工作办公室应和各分卷编写组一道，对各卷再进行一次全面审读，不仅对专家们意见和建议给以认真研究，除一些需要继续商洽、一时难以定论的主题外，要做到应改尽改，而且要举一反三，进一步补充、删改、完善，提高书稿质量，按辞典编纂要求，完成终审稿。

有三点应强调：一是充分利用已有的研究成果和中央有关大运河的文件。比如中共中央办公厅、国务院办公厅印发的《大运河文化保护传承利用规划纲要》和各省市实施中央纲要的具体规划文件，大运河申遗报告和有关资料，《中国运河志》和一些专著。特别是中央的《大运河文化保护传承利用规划纲要》，不仅指明了大运河文化保护、传承、利用的重大意义和总体要求等，对我们的辞典编纂有指导意义，它所点出和涉及的文化遗产也对编纂工作有帮助。比如沿线八省市的物质文化遗产超过 1200 项，已列入世界文化遗产的共计 85 处，拥有国家级非物质文化遗产 450 多项，世界自然遗产 1 处，世界自然与文化双遗产 2 处。这些都是我们辞典编修的核心内容，应是列条和条目撰写的重点。在此文本中，有6个专栏，都具体列出保护、传承、利用的项目，其中绝大多数可转换为辞典的条目。《中国运河志》应是我们编辞典的主要资料来源，其对人物、事物的一些论断也值得我们借鉴。

二是落实责任。首先是总主编的责任，除按既定目标和方针推进对送审稿的修改完善做指导、督促工作外，对书稿内容或形式上有争议的问题，应组织研究探讨，作出裁决；其次是编纂工作办公室任务，主要是指导、督促和协调各分卷的编纂，当前要和各分卷编写组一道，结合对专家审读意见的研究作出修改，重点解决各分卷出现的普遍性问题和单独难以解决的问题，如重复问题等。出版社对各卷的责任编辑，也要提前介入，参与讨论；再次，也是最主要的，是分卷的各位主编的责任。我们实施的是主编负责制，主编要对各分卷的质量担负第一责任，希望各位积极地担起这副重担，不仅要在这次补充修改完善中唱主角，把好质量关，而且要做好统稿工作。

三是编纂工作办公室与各分卷、分卷与分卷之间，要互通信息，紧密合作，在保证质量的前提下，抓紧时间，力争保质、按时编纂出社会欢迎的辞典。

（2022年3月）

《大运河文化辞典》编纂简报、报告批语选录

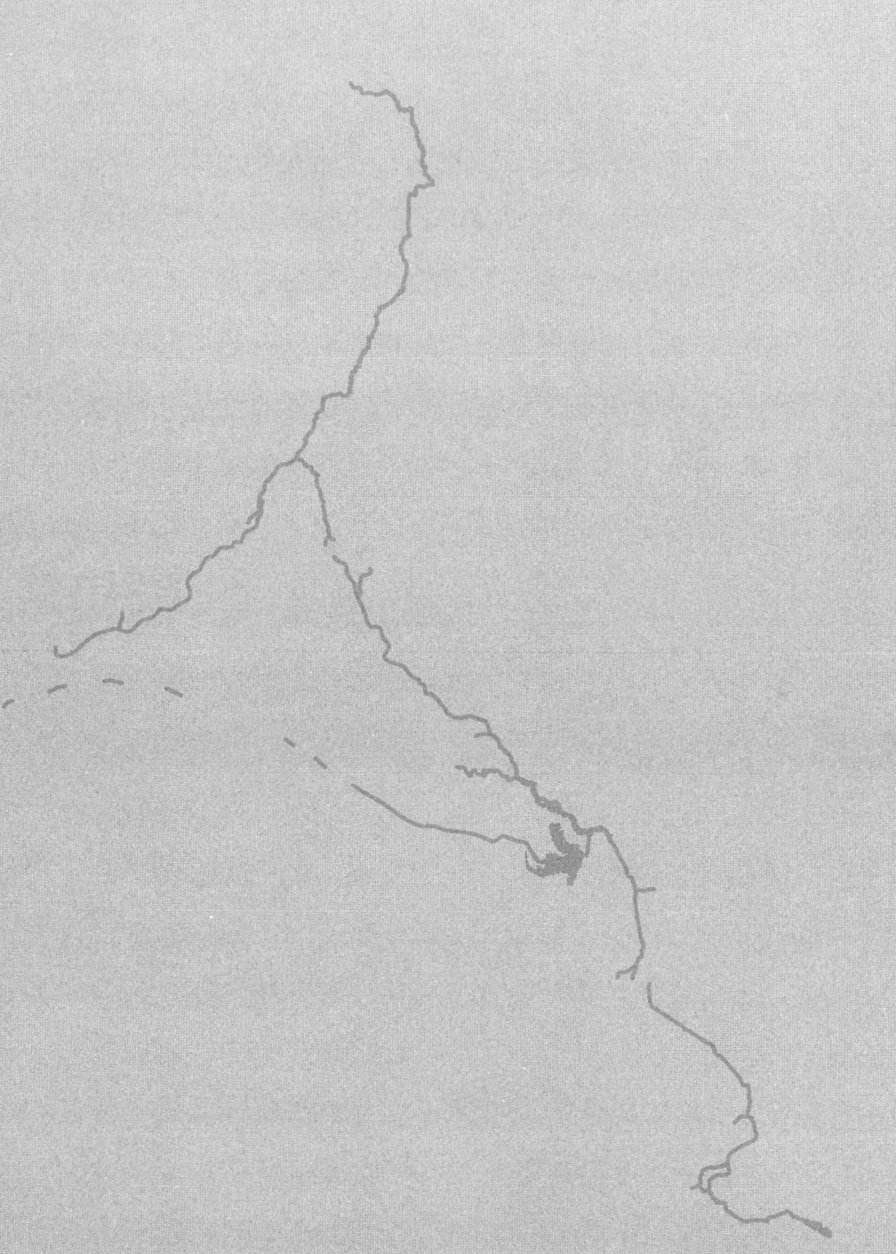

《大运河文化辞典》编纂者之间的思想沟通和信息交流，除召开会议外，主要靠工作简报和报告。我作为辞典总主编，不断地在简报和报告上发点议论，提点要求，其中不少是有关编纂业务的启示和研究，多数内容已经体现在编纂各阶段的报告中，现选择一些批语，给前文内容以补充。比如，在《〈探索与建议〉第100期》上批语："《探索与建议》办得很好，沟通了编辑人员之间的思考，使大家能够关注编纂全局，思索编纂中的问题，便于统一和深化认识，也是培养人才、发展编纂理论的阵地。望继续努力，更上层楼。建议办得精一些，千万不可过多过滥。并应明确，其内容有些是探索性的，即便实践证明错了，也有意义，也是立功之举。切不可要求句句正确。应塑造畅所欲言的氛围。报告中的内容都是参考，包括我的批语在内，是供启发思考的，不可作为定论看待。"此外，由于批语多是顺手而为，有些文字粗疏，思想不够连贯、完善，这次整理时进行了一些修补。

一、关于《大运河文化辞典》的主题

1. 辞典的主题是大运河文化

在《试论〈北京卷〉的顶层设计》简报上批语："《北京卷》

的主题应是‘大运河文化’，不应是‘大运河文化带’。‘带’是地域范畴，如果以地域为主题，这部书的名字就应改为‘大运河文化带辞典’，内容也应按地域内事物的重要程度排序，而不是按与大运河的关联排序。”

2. 不可设定为地域主题

在一份建议书上批语：“这个意见对我有很大启发，我们在辞典主题上为什么变来变去？一会儿‘双主题’，一会儿‘运河主题’，一会儿‘地域主题’，原因是对辞典的性质，是专业辞典，还是地域辞典，没有明确地定下来。如果是专业辞典，就应以专业知识为主题，选定条目的标准应是以专业为主，以与专业有关的内容为辅，无关的一律不取。如果是地域辞典，就应以地域知识为主，选定条目的标准应以事物在地域内的重要性排序。《大运河文化辞典》的性质应归于专业辞典类，即展示与运河有关的知识。选条标准应以与大运河关系的疏密排序，即多选与大运河直接有关的文化（可称‘直生文化’），辅之以与大运河有间接关系的文化（可称‘次生文化’），一般不选与大运河无关的文化。这和我们以前讨论已达成的共识，即把条目大体分为与大运河关系紧密的和非紧密的是一致的。如果以‘带’为主题，即编成地域类辞典，选条排序就应作重大变化。比如海淀区文化的特点和亮点是‘三山五园’、大学、科学院所、科技开发区和科技企业；昌平区是长城、十三陵等。这些就应作为选条的重点，但我们辞典的主题是大运河，不是地域。”

3.《设计书》要突出大运河文化主题

在《设计书》第三稿上批语："我把《设计书》第三稿改了一下。负责执笔起草的黄清云同志很努力，把她和大家的一些思考都写进去了，总体上不错。但因为对辞典主题意见不一致，《设计书》中出现了不少不协调和自相矛盾之处，我以大运河主题的定位作了较大修改，增删了一些内容，有些地方作了结构调整，在文字上也尽可能修补一下，提法上作了一些修正。这部《大运河文化辞典》是大运河知识领域工作面的首创性著作，其编纂需要一个探索过程，探索中出现不同意见是正常的，甚至是可贵的。有争议，才能激活思维，才可推陈出新。但争议也是有是非的，应通过争议在重大是非问题上取得共识。具体到我们的辞典编纂，应把一些原则性、方向性的设计定下来，否则编纂者无处下手，不知如何是好。此稿应发给每位专家征求意见或开一次专家会审定。"在《〈大运河文化辞典·北京卷〉设计书》修订稿上批语："此件向专家组征求意见后，已得到认可，我又根据专家们的意见，作了少量调整。可作为编写这部书的指导文件，也可提供其他省市合作者参考。关于此件的条目表部分，因已有总表初稿，这里就删除了。关于试写条，建议作为附件，九部分各选两条即可。此外，还应考虑八省市合作的组织架构。"

4. 是"大运河文化"，还是"大运河文化带"？

在《编辑部对〈北京卷〉的认识》等简报上批语："在辞典编纂的第一次工作会上，编辑部提出《大运河文化辞典·北京卷》是‘双主题’，即‘大运河文化带’和‘大运河文化’，即地域主题加运河主题。我当即作了修正，表述是‘北京地域内的大运河文化主题’，也就是说，辞典只能是一个主题，即‘大运河文化主题’。在这份简报中，又提出‘大运河文化带三层含义’，即运河文化、载来的外来文化、流域内的特色文化。‘文化带’是地域概念，怎么来了个‘三层含义’？是否可理解为‘文化带内的文化’有三层含义？之前曾有过一种说法，即北京市的大运河文化有三种内容：一是运河本身文化，二是运河漂来的文化，三是本土文化。‘运河本身文化’可理解，‘漂来的文化’和‘本土文化即流域内特色文化’，如何理解？对照《北京卷》已提出的1000多个条目，哪些是‘漂来的文化’和‘本土文化’，很难界定。据说‘漂来的文化’来源于‘漂来的北京城’，后者是说北京城的建设和发展，很大程度上是靠永定河和大运河运来的物料，是一种形象性、描述性的语言，很难变成批量的条目去支撑。‘流域内的特色文化’，即‘本土文化’，很难从条目总表找出对应条目。大运河流淌千年，在流域内所谓的‘本土文化’，只能是运河开发前形成而后又未与运河文化融合的文化，以及在运河消失的地区形成的与运河无关的文化。这样的文化也很难界定。请再研究一下，我的意见还是以围绕‘大运河文化’这个主题分类，即大运河遗存承载的文化、大运河流淌伴生的文化、大运河历史凝练的文化。把‘大运河文化’，变成‘大运河带文化’，又把它分成运河文化、本土文化、漂来的文化，是不科学也难以划分的。”

5. 不可用自然水系代替大运河水系

在《编辑部学习讨论〈北京卷〉条目总表》简报上批语："请再研究一下大运河在北京地域的水道，特别是主河道问题。这是辞典列条的核心问题，至今没有解决好。不可用北京地域内的水系代替大运河水系，应按不同朝代在特定地域开通的与大运河有关的水道排序，也就是对每条水道都作出时空定位，特别要把大运河主河道即航道的生成及其变化作为重点条目，精心制作。自然水系中的河道，凡是和大运河有关的也都要列条，不可把与大运河无关的水道列条。大运河水系应包括有运输功能的主河道、供水河渠、排水渠道、调节水柜等，要围绕大运河做文章，是大运河水系而非地域水系。此外，关于水工设施，比如堤、坝、闸、桥、码头等设条，不可能全部独立设条，原则应是突出端点，不漏节点，其他可设综述条目或以圈码标题形式带出。关于现代建筑类设条与否，应看其与大运河文化的关联度，多数与大运河文化无关，少数有关联的也要看关联度。以上意见不是定论，仅供你们下次修改时参考。"

6. 关于辞典内容的空间范围

在《对〈北京卷〉空间范围的思考》简报批语："空间范围要以大运河关联地域划分。比如，水道水系部分，凡是与大运河关联的航道、水源道、排水道等，都应有所反映。不要被大运河文化带的'七区'限制。'七区'是为建设与管理方便划分的大体范围，并未包括大运河在北京地域流淌过所有地区。比如，密云区不在'七区'范围内，但历史上有曾向密云驻军、修筑和守卫长城的驻军供应军需而改造的潮白河（密云河）存在。门头沟区和石景山区也不在‘七区’范围内，但它们都是永定河流经之地，而永定河曾是隋唐大运河的北端河道，且较长时期是大运河的供水河流。这些都是设条时不可忽视的内容。总之，只要与大运河紧密关联的事物都应设条。简报提出应删除七个村的条目，这七个村都与大运河相关，可合并而不可删掉。我们编《大运河文化辞典》，每个条目都有特定的时空范围，参照古今地图是十分必要的，但不可把特定时期绘制的地图作为判定事物存在与否的唯一依据，地图只能反映一个时段，反映不了历史全程。地图上有没有不是标准，标准是地理上有过没有。因此，密云河、昌平河、会清河，还是单独设条为好。另外隋唐大运河和北京的关系，历史记载较少，实际上永定河故道曾是隋唐大运河北端的河道，因此与故道有关的又有历史记载价值的事物，都应尽可能给以反映，包括一些村庄在内。”

二、关于条目的选定

1. 条目的选定是辞典编纂的关键一环

在一份建议书上批语：“根据中国大运河申遗报告和国务院规划纲要，针对我们对辞典分类遇到的困难，比如，政治如何列条，经济和文化如何分割，文化类包括哪些内容，是否解放一下思想，不以自然、政治、经济、文化、社会五大板块为基础分类，而以纲要提出的大运河三种文化为基础分类为好。此外，辞典条目总表初稿，不应求全，也不必担心争议，我们搞了这么多年文字，争论几乎不断，也只有争论才可争出较妥善的观点，吸众家之长，找出较科学的结论。总表拿出来，说明是初稿，请专家们审查评判，补充、修改和完善，再定稿。前提应有个审查评判的目标，这样也可避免空洞的争议。”

2. 条目设置要明确《大运河文化辞典》编纂的主旨

在关于总体设计初稿上批示：“辞典的条目设置，首先应明确，这部书为什么要编纂，给谁编纂。主旨就是‘展示大运河文化魅力，传承大运河文化知识，促进大运河遗产保护，推动大运河文化利用’。读者对象主要是有一定文化水平的大众群体。条目设置应体现这个主旨，把读者需求作为选条的方针。”

3. 大运河航道是条目设置的纲领性主线

在一份关于如何选定条目的建议书上批语：“此建议准确又生动，即把大运河航道作为一条主线，在主线上分布许多支线，线上挂满‘铃铛’，只要抓住主线，‘铃铛’就很容易被提起，诸多‘铃铛’就是大运河文化。因此条目设置要以大运河航道为纲，带起大运河文化的方方面面，然后选择其中具有文化价值的纳入选条范围，经比较研究，在特定篇幅内确定条目数量和具体条目。这样不仅可以较为完善地反映大运河文化，也不易偏离大运河文化主题。”

4. 条目总表要发专家征求意见

在《条目总表（初稿）》上批语：“《北京卷》的条目总表初稿大体可行。请编辑部再补充、删并、调整一下，即可发专家组征求意见。补充，主要是增加水道和水工设施条目，即把大运河文化遗产部分搞扎实，这是辞典质量的首要标准；删并，即删除与大运河文化无关的条目，合并部分关联不紧密的条目；调整，是按设计书九部分条目重新组织安排一下。此外，每部分前面还应有取条原则的说明，如同设计书原稿条目表前说明那样。我对总表初稿的说明作了些修改，在一些部分作了旁批，供参考。”

5. 是否设“都城文化”分支?

在《都城文化条目体例设计》等简报上批语：“都城文化概念的提出，是创新，但内涵和外延都在研究中，现在很难界定，在辞典中以条目形式落实很难。‘都城’就是国家的政治中心。国家政治中心的文化特点是什么？只能在逐步研究探索中去明确，现在很难有共识。北京城的前身：大都城、中都城、南京城、幽州城、蓟城（涿郡）都是隋唐大运河或京杭大运河的北端城市，都受过大运河哺育而成长，因此都应单独列条，应放在地名部分较妥当，不再列都城文化类。‘北京城’应是重点条目，主要是明清北京城，可作为综述条目，下一层级还应设多少条目，应再研究一下。比如‘城门’（亦可作综性条目）、‘城墙’（亦可在城墙遗址公园条目中带出）、‘北京城中轴线’等。”

6. 人物条目的选定

在《运河人物部分原方案问题探讨》《运河人物部分设计方案》等简报上批语：“关于人物条目，我已在多期简报和几份报告中有批语。我意是先把人物条目表初稿定下来。凡是增设的人物条目，把文稿送我后逐一定夺。凡是删除人物，说明原因（或全删或并入他条），送我审定。关于人物取条标准和分类，原稿是按开凿者、疏浚者、管理者、研究者和传播者分类的，现提出与大运河关系密切的政治名人（帝后、名臣、军事将领）、工程人物（水利、建筑）、经济人物（漕运）、文化人物（戏曲、作家、宗教人物）等四类。这作为人物取条标准是可参考的，但仍然难以避免多重身份人物硬性归于一类的弊端，还是以朝代和人物生年或卒年顺序排列为好。在特定时代背景下，人物对大运河的贡献更具体清晰，容易在比较中选定。要注意：一是人物的时空定位。不可把大运河开掘前的名人列条，即便有隔代间接关系，也应慎重。比如，在新增的建筑（园林）名人类别中，列入刘秉忠。刘秉忠是大都城的总设计师，是元代的帝师，但他既和隋唐大运河北京段无关，也生活在京杭大运河建成之前。不可因为大都城是京杭大运河北端都城，就把其列入运河人物，因为他设计的是大都城而非大运河。二是人物与大运河关系。不可把只在大运河上出行过的名人就认为是关联人物。有些文化名人和政治人物多次借道大运河出行南北，但无他们对大运河做贡献的记载，不可列条，列条必须以做贡献的实事为据。文人要以其作品是否反映了大运河内容和他们的活动是否为大运河文化做了贡献为依据。”

7. 地名类条目的增删

在《“东四街道”条目设计》等简报上批语：“地名类条目占比较大，现增加古城（蓟城等）、街道、乡镇专条是必要的，这就必须压缩合并胡同和村的专条。‘南门仓胡同’文稿可作胡同和村合并的范例。区域，如市、区、乡、镇、村条目如何写，应研究一下。现稿中不少条目缺少与大运河关联的鲜明性。定性语、释文都应加强这方面的内容。但不可强调了与大运河的关联内容，就忽视了地区的基础性内容，基础性内容应首先尽可能概括地讲清楚，切不可单纯以大运河定性，造成主次颠倒。比如‘沙河镇’条目，修改稿缺少对沙河镇的基本情况的介绍，应以原稿为基础，采纳修改稿的一些改动和补充。”

8. 是为街巷列条，还是为道路列条？

在《“新华街道”条目新设计方案》简报上批语：“把新华街道原来设计的 14 个条目合并为 8 个条目是可以的，内容并未减少，也可解决地名部分条目占比过大的问题。但‘西海子西路’条目的原稿和修改稿都有一个问题，即看不清为街巷列条还是为道路列条？从定性语看，原稿为‘通州区新华街道辖域道路’，修改稿为‘通州区新华街道西海子公园西侧道路’，都是为道路列条。从释文内容看，两稿都未讲道路的起止与长度，但都讲了曾是胡同，现在是商业街，讲的主要是街巷。同类条目如通州区的‘新仓路’‘新华东街’‘新华南路’等条目都是以道路列条，‘新建街’则以街巷列条。请再研究一下。我认为还是以街巷列条比较好。道路也可归入地名类，但它是特殊的地名，它的时空定位和存在价值很难把握。如以道路列条，沿运道路很多，为什么比这几条路更重要更有文化价值的道路不列条？对地名来说，块状地域名比条状道路更容易展示文化含量。因此除特殊情况外，地名一般不以道路列条为好。街巷胡同是否设条，也是看其和大运河的关联度。一般应是因‘运’而生、靠‘运’而发，为‘运’服务这三种类型应设条，王樵裕同志提出的八种类型均可考虑，即曾是漕粮进城重要通道的街道、与漕运河道关系密切的街巷、与漕仓关系密切的街巷胡同、与大运河水利设施关系密切的街巷胡同、大运河水运形成的商业街、玉河什刹海周边著名的街巷胡同、与乾隆南巡相关的街巷、南方工匠留步聚居的街巷胡同等。‘东直门’条目修改稿，大体可用。东交民巷、苏州街（海淀区）、花市大街 3 条街巷都可以增加。”

9. 名人故居、王府、会馆的列条

在《名人故居类条目思考》等简报上批语：“名人故居设条标准，收取大运河北京段沿线所存名人故居，以文物保护单位为主，可采纳。名人故居在北京多处的如果都在大运河沿线都应展现，但只列一个综合条为好。同意增设齐白石旧居（齐白石旧居纪念馆）、毛主席故居、梅兰芳旧居、宋庆龄故居、郭沫若故居、茅盾故居等名人故居条目。‘名人故居’‘齐白石旧居纪念馆’‘毛主席故居’3 个条目的试写稿，我作了一些改动。可增设‘王府’条目。这是带有北京特点的沿大运河的建筑文物，可设综述条和专条。专条可设圈码标题，以大带小，新府、老府都可展现。关于撰写时不涉及过多的人物介绍和不涉及过专业的文物语言，也是对的。会馆也是北京的特色文化，与大运河的商业文化和赴京考生的生活与进京交通有直

接关系，应列条给以反映。简报提出的取条标准‘为大运河沿线省份和以大运河作为进京水运河道的省份设在北京的著名会馆’，也是可行的。条目安排 14 条，大体可行。”

10. 史书、志书类条目选定

在《志书条目探讨》等简报上批语：“不论史书还是志书或其他著述，凡是其内容对大运河文化的某方面有完整记载的，都可列条目，其中有关大运河文化的专著必须列条。在史志中有部分内容是专记大运河文化的，又比较完整的，亦可列条。这需要研读、比较而后定。史书和志书是两种不同的传承历史的文体，史书追求的是历史发展的规律性，志书追求的是历史发生的资料性。史志同根同源，直到宋代志书的体例才成熟，宋代以后也常是史中有志，志中有史。因此，著述是否列条，主要看此书与大运河文化的关联，史与志同样对待。北京旧志设综述条《顺天府志》、《顺天府志》（光绪）、《河渠志》（顺天府志）可行。‘北京市区县水利志丛书’中志书、《水和北京》等，与大运河关联不大，可不列条。”

11. 文件类条目选定

在《规划文件类条目探讨》等简报上批语：“关于‘文件’是否列条，主要看其内容是否与大运河有关联和关联程度。条目放在哪一卷，主要看文件出处，中央文件一般应放在当时的‘首都’或‘首都’所在省市卷。即便其内容与‘首都’关联性不强，也应放在首都所在省市卷。但特殊情况应特殊处理，比如大运河申遗文件，是国家层面的，但文件出处办公室在江苏扬州，是放在《江苏卷》比较合理，还是八卷都设条，应再研究。”

12. 综述条目的设置

在《关帝庙和龙王庙条目分析》简报上批语：“辞典设立某一类内容的综述条目，可使读者对这一方面的整体内容一目了然。但哪些内容应设综述条目，需研究一下。北京大运河沿线的关帝庙和龙王庙设综述条目是可采纳的，还有哪些内容应设综述条目，各部分都应考虑一下。这两个条目的初写稿，大体可用，但定性语‘北京大运河宗教文化中道教庙宇类别之一’，有‘道教庙宇’即可，前置‘大运河宗教文化中’可有可无，因为庙宇本就归类于文化。‘北京’和‘类别之一’则是多余文字。”在《三个条目的审改思考》简报批语：“可增设东城区东四街道的‘烧酒胡同’专条，不采纳设‘烧酒胡同’综述条目。通州的酒坊胡同，还是以‘大酒坊胡同’为条目，纳入中、小酒坊胡同为圈码标题，即原稿。如果增设‘烧酒胡同’综述条目，还需要查一下，除依漕仓而建的酒坊，有没有依其他粮仓、粮食集散地、产地而建的酒坊后形成的地名、胡同？否则“烧酒胡同”综述条目就很难定性。另外，取消‘通州城北垣遗址’条目，内容纳入‘通州古城垣’条目，两条合并。‘通州运河沉船’条目审改稿，可采纳。”

13. 管理类条目的设置

在《“仓场总署衙门”条目设计探讨》简报上批语：“对《北京卷》可设‘仓场总督’和‘仓场总署衙门’两个条目，不设

‘河道总督’和‘漕运总督’条目的建议，可采纳。仓场总督、河道总督、漕运总督是明清三大专业总督，还设有相关衙署。衙署是管理部门，总督是官职，都应设条。总督设条随总署而定，衙署设在哪里，总督条目就设在哪个省市卷。河道总督衙署在江苏淮安和山东济宁两地多次移驻，因此河道总督条目可在《江苏卷》和《山东卷》均设。此外，衙署和职官都是变化的，设条时应准确表述其时空定位和不同名称、人物变换。”

14. 著作类如何选择列条?

在《七部清代著作条目探讨》等简报上批语：“关于出版物选定条目，需认真研究著作的内容。原则是凡是有大运河内容的都应列入条目选定范围，其中关于大运河的专著，一般应列条，综合性著作中有专门写大运河内容的视其含量和文化价值而定。比如古代水利著作，诸如《水利丛书》《行水金鉴》等，其中多有运河内容，但大运河内容是否有分量，应判断而后定。此外，一些中央层级的制度法规类文书、著述，放在哪一分卷？一般应放在当时的首都省市分卷。比如，《北京卷》应收录列条的出版物有两类：一类是与北京地区大运河有关联内容的，另一类是北京作为首都时，在中央层级出版与大运河有关的著述。其中有一些与北京并无直接关联，但它是《大运河文化辞典》必不可少的，只能在首都所在省市分卷列条。”在《“话说运河”条目探讨》简报上批语：“文化产品在各卷设条原则一般应是由哪个省市出版，由哪个省市分卷设条。《话说运河》电视纪录片，是由中央电视台录制，同名图书是由中国青年出版社出版，应在《北京卷》列条。”

15. 历史事件的设条

在《历史事件类条目分析》简报上批语：“对大运河水上和沿岸发生的重大事件应设条。重大事件可分为两类：第一类是与大运河有直接关联的，即由大运河引发的事件，如运兵造反、皇帝巡游、因水灾而被迫改道等；第二类是与大运河间接关联的，即沿大运河文化带发生但并非因大运河而起的事件，如八国联军侵华战争等。与大运河有直接关联的重大事件，必须列条。间接关联的是否列条，要看其文化含量是否有列条的价值。

16. 跨省市事物如何列条?

在《列“永济渠”条目寻找“答案”》等简报上批语：“永济渠是跨省市运河，牵涉河南、山东、河北、天津、北京，五省市分卷都应设条，但应做到既不过多重复，又能展示各省市具体情况和特点。具体写法，我倾向于定性语应是隋唐大运河某一段；释文有两部分，前面先概括讲永济渠历史全貌，然后具体讲本省市段的情况。”在《对“运军”条目的探讨》简报上批语：“类似‘运军’，还有一些全局性的名称、组织和队伍，现在的处理办法是各分卷都列一条，但重点写本省市的情况。这样做肯定会有一些重复，如果只在一部分卷列条，又会造成其他分卷核心条目的欠缺。建议类似事物各分卷都列条。比如，‘运军’定性语大体一致；释文先概括其历史全貌，再具体写本省市情况。”

17. 《中国运河文化史》能否作为《北京卷》条目?

在《同名条目在不同卷次中的写法》简报上批语："《中国运河文化史》是历史学家安作璋主编的一部以文化史命名的运河专著，2010 年由山东教育出版社出版，被学术界评价为填补了关于运河文化史学术研究的空白，是集大成之作。该书并非对某一单个地域的研究著作，内容涉及到全国 8 个省市，是否 8 个分卷中均应作为条目收录？首先应肯定，这部书在我们的辞典中必须作为独立条目收录，但八卷本每卷都列条，必然会重复。类似有价值的大运河著作还有多部，是否都照办？我倾向于在一个分卷中列条，即放在出版的省市。比如，《北京卷》对此类出版物列条的原则，应是在北京出版的和专写北京的著述。如收取其他省市的出版物，内容又不是专写北京，必然会重复。"

18. 独立参见条的设置不可或缺，也不可过多

在《西集镇设条设计方案》简报上批语："独立参见条的设置，是因其内容已被其他条目包容，但它又有独立设条的价值，为避免重复又应展示、占位而设立的。比如，'西集镇'条目组群设置了 7 个村的独立参见条，太多了。可研究一下，其中文化价值较高的可变为实条，有的可纳入圈码标题，价值不高的可删除。简报对'西集镇'条目组群的调整意见可采纳。"

19. 辞书条目的分类

在《分类设计探讨》简报上批语："事物的分类是一门大学问，它涉及对事物全局及其相互关系的深刻认识、事物性质

的准确判断、事物内部结构的科学分析。辞书的编纂，就是对某一知识范畴以辞书独特形式给以展示，能否全面准确地划分出类型，关键取决于对这个知识体系的认识程度，把握其内在的运动规律，给以分门别类，有序排列，分为前后、上下、左右等不同层次而又相互关联的类型。《大运河文化辞典》把大运河文化知识分为九大类，每一类都制定了排列规划，经过一段实践，现在看这个分类，总体上是可行的，缺点是在类型下面的分层粗了一些，有些地方还可更细一点。但注意不可矫枉过正，过细会导致层次的烦琐，加重书稿结构的复杂性，也堵塞了创新的余地。”

20. 增设条目应考虑辞典内容的全局性平衡

“徽班进京”条目审改者建议，增设三庆班、四喜班、春台班、和春班 4 个专条。在《“四大徽班”条目探讨》简报批语：“京剧已设‘京剧’和‘徽班进京’两个条目了，不可再增设，否则会失去辞典内容安排的整体平衡。‘徽班进京’条目，总体上写的是好的，如果再细化一点更好。把四大徽班作为圈码标题较为可行，但设专条就使‘京剧’这个局部在全局中占比过大了，还会造成‘京剧’自身的不平衡。京剧是大运河沟通吴越文化和燕赵文化的产物，在形成期的几大徽班的贡献固然重要，但成熟后的一些剧目，特别是一些留存愈久愈香的经典剧目，更是展示京剧文化价值之所在，更应设立专条。如果再增设‘三庆班’等，京剧条目在辞典文化类的占比就过大了。”

21. 没有实施的规划文件，一般不应列条

在《关于条头词的探讨》简报上批语："综述条目中，有不少规划计划文书列条，凡是历史上只有规划没有落实的一般不应列条。比如《北京市运河规划》，从1951年到1992年，共6份，是运河规划不是大运河规划，且没有落到实处。新中国成立之前制定的北京规划，大多也未实施。新中国成立之后的一些北京市总体规划，往往是来不及落实，形势就变了，而且它们都是都市建设的总体规划，其中与大运河相关的内容并不多，可合并写一条，如没有具体内容就全不列条。规划性文件，凡专为大运河制定并且已经实施或正在实施的，可列条。未实施、已过时的应删除，有的可并入有关条目。例如《昌平区大运河文化带保护传承利用规划》，可并入'昌平区'条目。"

22. 编写书稿应有权威性地图作参照

在《编辑职业习惯与素养谈》简报上批语："编写有关地域的书稿，手边一定要有权威性地图参照。这期简报提醒大家重视利用地图，地图是编纂《大运河文化辞典》的必备工具书。《北京卷》的编纂者手头要有《北京市政区地图集》（2009年版，北京市民政局和北京市测绘研究院编制）、《北京历史地图集》（侯仁之主编），可随时查阅，纠正失误。"

三、关于条目的编写

1. 条目组成的三要素

在一些条目试写稿上批语："条目是辞典的主体，条目构成有三要素：一是条头词，二是定性语，三是释文。条头词是

条目的名字，定性语是条目的身份，释文是条目的说明。条头词要名词化，定性语要对立条事物性质精准论定，释文要在说明事物全貌中突出与大运河的关系。条头词是事物的标识，定性语是事物的特质，释文是事物全貌的表述，在表述中与大运河关联的部分是事物被《大运河文化辞典》设定条目的依据。这方面的内容应给以充分表述，如果条目缺乏与大运河关联的内容，应补上，如补不上，就删除这个条目。”

2. 条目内容编纂模式

在《编纂模式实际意义探讨》简报上批语：“《大运河文化辞典》的条目撰写，既有一条一事，也有一条多事，可称为‘一条一事’和‘一条多事’互补模式。不是只许‘一条一事’或‘一条多事’，而是按不同内容，有的采用‘一条一事’模式，有的采用‘一条多事’模式，形成互补互助的格局。因辞典规模有限定，相应字数和条目数也有大体的设计。这就应在特定规模内，对内容进行研究。比如，与大运河文化有紧密关联的一般采取‘一条一事’，非紧密关联的就可‘一条多事’。同类的，有的可‘一条一事’，有的则可以大带小，作圈码标题，‘一条多事’。总之，既可包罗辞典要求表述的内容，又大体在特定规模之内。”

3. 条目的分与合

在《“永顺镇”条目重组探讨》《“台基厂”条目探讨》等简报上批语：“一个地域有镇有村，有街有巷，如何按其价值设置条目，做到名实相符，恰当归位？比如，永顺镇设有8

个条目，索引比 1∶1，审改后压缩为 4 条，有些条目纳入圈码标题。台基厂设有‘台基厂二条’条目，释文中有两个圈码标题：①台基厂头条、②台基厂三条，但缺最有名气，也与大运河有紧密关联的‘台基厂大街’条目，应补上。原稿没有设置与大运河关系密切的东交民巷、苏州街（海淀区）、花市大街，应给以补充。一条河流、一个粮仓，以朝代分成数个条目，优点是各朝代河流或粮仓的状态比较清楚，缺点是割断历史，造成见树不见林，影响全局性认识，也易重复。还是归一为好，即把多条合为一条。比如，把‘白河’和‘白河（元）’两条合二而一。‘马头村’‘马头村码头’‘马头集’应合三而一，这样不仅更精练，也更清楚。”

4. 条目编写设计要注意检索性

在《条目设计是艺术》简报上批语：“索引是检索的重要手段，索引词一是条头词，二是圈码标题和随文索引词。编写条目要从方便读者检索出发，做好条目的设计。”

5. 条头词应名词化

在《四不像条目探讨》简报上批语：“关于‘龙舟赛’条目，原稿条头词为‘划龙舟’，可理解为一项运动，可认为是一个动作，也可作为一项赛事，缺乏特定性和检索性，现改为‘龙舟赛’比较妥善，是一项赛事。条目的产生，多是从资料中选定的。条头词、定性语和释文是资料的提炼概括，即把别人的文稿整理加工为条目，一定要‘改造’，不可照抄。比如，条头词不具有名词化的，应使其名词化；定性语应提炼为对其性质的准确的精练的表述；释文应在释明事物全局的前提下，突出其与大运河的关系等。”

6. “定性语”还是“定性叙述”？

在一份关于定性语讨论文稿上批语：“定性叙述是百科全书条目撰写的用语，对辞典并不适用。因为百科全书的条目可大可小，有把定性语展开叙述的余地，辞典多是小条目，定性只能点到为止，‘叙述’是释文的任务。这是在条目撰写上百科全书与辞典的一个区别。这一点在《中国大百科全书》（第三版）编写体例中也说得很明白：‘定性叙述是条目主题的定义（或定性语）加上展开说明’，‘释文不长的条目，也可只写定义（或定性语），而不展开为定性叙述’，展开说明对全部为短条目的辞典是不适用的。辞典对条目定义，只能用结论性的判断语言，不可用展开说明的叙述性语言。在实践上，我们的一些条目初稿，对此研究不够，本来一两句话即可定性的，却展开用了好几句。比如‘通州古城’条目，定性语只一句‘北京大运河沿岸古城’即可，但初稿便‘叙述’了三个‘之一’。本文最后一段把百科全书和辞典作对比，正好说明辞典不可套用‘定性叙述’。比如，‘澄清闸’条目的定性语为‘通惠河元代古闸，分别位于万宁桥西侧、东侧（2 座），包括澄清上闸、澄清中闸、澄清下闸’，其中后半句都应是辞典释文内容，作为百科全书的定性叙述是可以的，作为辞典的定性语则是多余的。在学术研究领域最应注意的是被不同事物的共性套住，而忽视了对事物个性的研究，要点、难点恰恰是对个性特征的研究和把握。”

7．定性语不可空泛

在《对艺文类条目设条的探讨》简报上批语：“这一部分对定性语的理解不准确。玉河艺文、通惠河艺文、通州古城艺文、高梁桥艺文、燃灯塔艺文、潞河艺文、张家湾艺文、玉泉艺文等条目的定性语均为‘北京大运河艺文组成部分’，帽子太大，太空泛，不如改为‘描绘某处盛景的文学作品’，如‘描绘玉泉盛景的文学作品’，更为具体，也显特色。”

8．文艺作品条目一定要突出与大运河的关联

在《〈运河的桨声〉条目探讨》简报上批语：“修改稿改得很好。释文对小说与大运河的关系，即20世纪50年代京东大运河畔农民生活和农村面貌的变化，特别是对大运河四季的描写用了4个圈码标题：①春天的北运河、②夏天的北运河、③秋天的北运河、④冬天的北运河，真实生动，可读性较强。原稿只在定性语‘大运河题材小说’，点出作品和大运河的关系，释文只简单介绍了小说内容，一般化、概念化，没有突出展示小说与大运河的关联。”

9．不可强求“定性语”必须写出与大运河的关系

在《条目定性语探讨》简报上批语：“定性语首先定事物的性质，如把与大运河关联的内容纳入其性质之中最好，如纳入不了，也不可勉强。与大运河的关系的展示是释文中的任务。更不可强调了与大运河的关联，而忽视事物的本质特征的展示。比如‘马头村’条目，原定性语为‘通州区漷县镇辖村’，这是对马头村的准确定性。如果加进与大运河关联内容，改为‘通州区漷县镇北运河南岸古村’，就更好一些，一是说明它是‘古村’，二是说明它在北运河沿岸。但‘京剧’条目，原定性语为‘在北京形成的全国性剧种’，现改为‘北京大运河非物质文化遗产戏曲类项目’，就不够妥善：首先以‘项目’代替‘剧种’就把它泛化了，超越了‘戏剧’范畴，其次加进‘大运河非物质文化遗产’，也一般化了，没有必要。‘郭守敬’条目，原定性语为‘元代天文学家、数学家、水利专家。京杭大运河规划设计者和通惠河开凿的主持者’，现删去‘天文学家、数学家’，只提‘水利专家’，把对郭守敬的全面定性变成片面定性，也是不可取的。”

10. 地名的定性语

在《“顺义区”条目探讨》简报上批语：“地名如何定性？应再研究一下。比如‘顺义区’条目，定性语是‘北京市辖区。属大运河文化带拓展区’，还是‘北京市大运河文化带七区之一’好？这涉及其他区和此类地名如何写定性语的问题。前者‘北京市辖区’具有主题性、法定性，再加辅助定性‘属大运河文化带拓展区’，是比较准确和全面的。后者只说明是建设规划的一个行政区域，代替不了‘市辖区’的性质。‘七区之一’也不如‘拓展区’明确具体。”

11. 条目释文的撰写

在“北京市”条目修改稿上批语：“修改稿与原稿相比各有优劣，相比之下，原稿较好。原稿的释文的优点是首先较全面地介绍了北京市的基本情况，缺点是对北京与大运河的关系表述过于简单。修改稿的优点是突出了北京和大运河的关系，缺点是挂一漏万，没有介绍北京市的基本情况。条目的释文，应对条头词和定性语作出比较具体的介绍。首先应简约介绍北京的基本情况，然后突出介绍北京与大运河的关系，即首先是基本情况而后才是与大运河的关系。建议释文应在原稿基础上增加并突出北京与大运河关联的内容。另外，定性语应是一两句话点明事物的性质，修改稿把释文的内容也放了进去，变成了百科全书的'定性叙述'，应改过来。"

12. 是遗址，还是现存村落？

在《村落信息的一种处理方式》简报上批语："把原稿的'路县故城遗址'和'古城村'两个条目合二而一，应再研究一下。'古城村'是现有村落，'路县故城遗址'是古城遗址。前者是地名，应在地名类；后者是遗址，应在文物类。这两条性质不同，分设较好。还有一条是'路县故城遗址考古活动'，该遗址是近年考古的重大发现。这三条的撰写应一并考虑，突出各自特点，减少重复。如把'路县故城遗址'和'古城村'条目合并，也并非不可以。但应以'古城村'列条，在释文中追溯历史，表明遗址，把遗址的具体内容纳入考古活动的条目中。类似情况还有'通州古城垣'条目，把它放在古地名类不准确，它应是建筑遗产，大部分已消失，留有小部分遗存。建议以"通州古城垣"列条，把旧城城垣、新城城垣、旧城北垣遗址等作为圈码标题，以突出大运河文物。"

13. 非物质文化遗产的条目撰写

在《非物质文化遗产项目类条目的探讨》简报上批语："把大运河文化中的非物质文化遗产单列是对的，但是否设'非物质文化遗产'综述条目，请再考虑。这样的条目内容易挂一漏万，还是以遗产的具体项目列条为好。比如，把'高跷'列为条目，并在《高跷条目探讨》简报中进行了专门分析，把原稿和新改稿作了对比。应当说，新改稿比原稿内容要丰富具体，但缺少对'高跷'的综合表述和高跷文化沿大运河的南北交流。这两段原稿中有，可移至新改稿中。此外，该条目的定性语，原稿为'民间传统舞蹈形式'，改稿为'北京大运河非物质文化遗产传统舞蹈项目类别之一'，还是原稿比较准确简练。定性语只要指明事物是什么就完成了任务。"

14. 跨省市事物条目重点是写好本省市段的具体情况

在《到"永济渠"条目寻找"答案"》简报上批语："跨省市事物类条目，在有关省市卷都应列条。但条头词最好括注省市，释文重点是写好永济渠在各省市的情况。比如，永济渠牵涉河南、河北、天津、北京等省市，如何设条和撰写应认真研究。首先是条头词，应有区分，是否加括号（某省市段）较为妥善？如'永济渠（北京段）'。定性语应是一样的，即'隋唐大运河北段通往涿郡的航运河道'。释文都应有对永济渠全面的简要概述，而后重点展开讲永济渠在本省市的情况和特点。类似情况不止这一条，各省市多有此问题，各分卷间要进行统筹协调。"

15. 无定论的学术观点不可作结论性定见

在《到“永济渠”条目寻找“答案”》简报上批语：“对永济渠条目释文审改中提到的‘永济渠北京段不是人工开挖的河道，而是利用凤河和桑干河北支（凉水河）河道’。大运河航道的形成，大体上有三种情况：第一种是主要由人工开挖，第二种是利用自然河流，第三种是既有人工开挖、又有自然河流的利用。永济渠北京段有无人工开挖的河段，现在很难作‘没有’的定论，因此也不可作‘不是人工开挖的河道’的结论。对这些学术性很强又有不同意见的问题，辞典还是客观地展示各家观点为好，不作结论性定见。”

16. 参见条目不可过多过滥

在《关于参见条设置的探讨》简报上批语：“条目设置中，使用参见条很有必要，是对同一事物有不同名称，特别是正式名称和俗称所做的沟通处理。但不可因占位很小容易设置就不加限制。王樵裕同志提出的设置标准应以检索率高低而定并提出 5 种情况不设参见条的意见，可采纳。这 5 种情况是：词组原则上不设参见条，如颐和园古都文化展示区参见颐和园；村名一般不作参见条，如后沙涧村参见前沙涧村；检索率不高的胡同名不作参见条，如豆咀胡同参见豆瓣胡同；参见条与被参见条编排相邻，不作参见条，如青龙桥参见青龙闸；官职一般不作参见条，如领运千总参见领运守备。”

17. 条目之间的呼应问题

在《卷之间条目呼应关系探讨》简报上批语：“把呼应关

系协调好，不仅可以提高辞典的整体性，还可防止观点和内容的矛盾、条目内容的重复。不仅八卷之间的互相关联呼应应给以统筹关注，各分卷内条目之间也应注意上下、前后、左右的呼应。我们的辞典是把大运河按流经省市分为八个分卷，必然会造成知识主题的分割，加之众手成书，在全卷的铺排上，出现某些内容在省市之间、各分卷条目之间的互不关照，甚至有差异，也难以避免，这就需要总主编、分卷主编、顾问和编纂工作办公室、出版社责编，多费一些力气，关注这方面的问题。”

四、关于专文、配图、大事年表

1. 在总专文试写稿前言上批语

“感谢范周同志起草了这个讨论稿。我意不追求写成精彩的学术论文，也不必专心于对大运河研究作出创新性、探索性的论述，只要求从宏观角度，对大运河作出历史和现状比较完善的综合性展示，应在前人研究基础上，取其精华，反映大运河的基础性、共识性知识，不过多地在细节上做文章，理论上也是点到为止，不必展开论述。其要点应为：一是大运河的历史变迁与现状，二是大运河的功能与对中华文明拓展的贡献，三是大运河文物的保护和文化的传承与利用，四是大运河文化带建设的设计展望等。”

2. 在总专文第二稿上批语

“基础较好，可送各位副主编和专家、有关编辑人员审读，提出修改意见，再送范周同志统一处理。我也提了一些意见，一并送范周同志。因对总专文的审阅，引发了一些对辞典体例改动的思考。一是写一篇各卷通用的前言，各分卷就不写前言了。二是把总专文改称总述，各分卷在总述之后写专文。三是安排次序为：卷首彩插、前言、凡例、总述、分卷专文（序言）、条目（随文图）、大事年表、条目汉字笔画索引、条目内容分类索引、后记。这些我已写在《对总专文送审稿的意见》中。”

3. 在总述第三稿上批语

“此稿我作了一些补充修改，有的部分改动较大。是否妥当，请各位把意见改在稿上，送范周同志归总，可作为暂定稿，等各分卷专文出来后，再酌情补充、修改、定稿。”

4. 卷首图照的选配

《图照选配方案》讨论的意见：《大运河文化辞典》以文字为主，辅之以图照。图照不仅使辞典内容的全局面貌和典型特征收到一目了然之效，而且可以活化文字、美化版面、增强辞典吸引力。在图照的选配中，首先要选好卷首图照。编写组给我送来选配卷首图照的两套方案。两套各有优劣，相较而言，第二套更充实一些，应以第二套为基础作进一步调整完善。卷首图照应分四个层次：第一个层次是全面展示大运河的图照，这是八卷通用的图照；第二个层次是大运河省市段地域空间全面展示的图照；第三个层次是大运河省市段不同历史时期的图照；第四个层次是可反映大运河特点的微观典型性图照。第四个层次的图照亦可放在随文图中。具体到《北京卷》，第一层次可先以四幅图片安排，即一幅全局图，包含隋唐大运河、京杭大运河、浙东运河在内的示意图，使读者一翻开书即可看到大运河的全貌。随后是隋唐大运河、京杭大运河、浙东运河全图各一幅，使读者分别看到大运河的三大组成部分。这个安排是否妥当，还应和几位专家商量，在八卷本完成时再审定。第二层次是全面展示北京地域大运河段的图照。第二方案选有北京段示意图、北京市水系示意图、遗产分布图，还应补充一幅水工设施示意图，共 4 幅，北京段示意图应作较大修改。第三层次是在第一方案中大体按历史发展顺序选了曹魏、隋、唐、金、元、明、清，共 7 张图，略作调整后大体可行。第四层次是第二方案中选用 61 张微观典型图照，这部分有三种处理方法：按现在的设计全部放于卷首图照中；全部放在随文图中；选择节点性突出的一部分放在卷首，其余放在随文图中。我倾向于第三种方法，但不是定论，还可根据图照收集、内容编排等实际情况对图照呈现的位置进行调整。请出版社设计版式时通盘考虑。

还有几个问题需要考虑处理：一是要在第一幅图上多下点功夫，选配好。人们看书，如有图，常常先看图，特别是先入视线的第一幅图，十分重要，是第一印象。第一幅图一般都是全局图，要清晰，突出重点，有方位感，有美感。比如《大运河北京段示意图》，方案二就没有方案一清晰。方案一的优点是突出河道加上标志性建筑。如果再标示一下张家湾、通州城、东便门、积水潭和涿郡的大体方位，就更好一些。因为这五处是运河不同时代的北端点，也是北京大运河段的突出特点。方案二的缺点是突出了河闸，掩盖了河道和端点，优点是标出北京市的方位。这张示意图是否再设计一下？八卷通用的大运河示意图，比较明晰，因为标明了沿河城市，方位感较强，但没有标运河名称，也不美观。二是尽可能多的用点古图。比如清代的《京杭道里图》等，一些好的古图，可放在卷首图的适当位置。三是研究一下每张图要展示什么？比如，方案一中有两张图，一张是《隋唐南北大运河示意图》，一张是《隋代大运河示意图》，这两幅应选一幅，很明显后一幅比前一幅既清晰，知识含量也高，可作其他示意图的参照图。四是图题要准确。有些文字审核一下。

《大运河文化辞典》的图照还有一大部分就是随文图。这部分图照的选用，一定要文图互补相照，尽可能选用展示大运河节点的图照，同时要注意版面平衡，避免文图错配或相距过远，要尽可能做到美观，但不可为美而失配、失真。

5.《〈北京卷〉配图方案》的批语

“总体思考和配图原则大体可行。关于是否用彩照，请出版社与社科联商定。关于现代照片，不可或缺。现代对大运河的保护、利用有许多典范性事例，既然写了条目，也应有相应的图照。图照选用设想多数可取，有些与大运河关联不紧密的可删除，要增加大运河节点的图照，比如历代大运河端点（积水潭、东便门、通州、张家湾等）和重要码头，以及漕运、皇帝南巡等。排列可按条目总表九部分顺序，使参与编纂人员一看就明白，便于调整、补充。”

6. 《〈北京卷〉图照整理》的批语

“基本可行。八卷卷首图可暂定，还需要和有关同志商定。《北京卷》首图，我倾向于第二方案，取消第 7 张和第 9 张。是否配置文物图片等，我认为还是不配为好。首图只求突出大运河，不求全面，因为大运河文化内涵丰富，不可能全面，选取什么都有可能造成不平衡，是否先选几幅看看？随文图大体可以。争取多配一些、美一些。”

7. 《怎样编制大事年表》简报的批语

“此文所写是《大事记》，还是《大事年表》？‘记’和‘表’是两种不同的体例。记体内容可多可少，一般容量比表体大，要简洁完整地记事。表体则只记事件的名号，一般不记内容。即某年、月、日发生一件什么事，点出事名即可，不必写事件过程、发生原因及影响。在辞典中，用《大事年表》为好。是否妥善，请再研究一下。”

（2022 年 6 月）

后记

这部著述是《大运河文化辞典》编纂的副产品，它之所以能成书，非我一人之力，而是与“编友”们共同劳作的结晶。四年多来，我们不断探索、讨论、争议，并在新冠肺炎疫情肆虐干扰的情况下，完成了八卷本几百万字的“交办任务”。其中，著名非物质文化遗产研究专家、中国传媒大学范周教授，大运河研究和北京水利专家蔡蕃教授，北京史专家、北京市地方志办公室原副主任谭烈飞同志，以及《大运河文化辞典·北京卷》的诸位副主编、专家组成员和北京联合出版公司领导，都是我的“靠山”。特别是辞书专家王樵裕同志，这部书的许多观点是我向他学习或和他争论产生的思想火花；北京市社会科学界联合会、北京市哲学社会科学规划办公室原党组书记张淼同志是做实际工作的编委会常务副主任，许多组织和上下通气工作是在他领导下进行的。北京市社会科学界联合会主席牛青山同志写了热情洋溢的序言。还有一位是赵卫民同志，这部书稿的资料搜集和整理工作是他帮我完成的。在这里一并表示感谢。

图书在版编目（CIP）数据

再现大运河：《大运河文化辞典》的编纂 / 段柄仁编著. -- 北京：北京联合出版公司, 2024.5
ISBN 978-7-5596-7542-2

Ⅰ. ①再… Ⅱ. ①段… Ⅲ. ①大运河—文化—编辑工作—研究 Ⅳ. ①K928.42

中国国家版本馆CIP数据核字(2024)第065333号

再现大运河：《大运河文化辞典》的编纂

编　　著：段柄仁
出 品 人：赵红仕
出版监制：刘　凯
责任编辑：肖士财
装帧设计：柒拾叁号

北京联合出版公司出版
（北京市西城区德外大街83号楼9层　100088）
北京联合天畅文化传播有限公司发行
北京山华苑印刷有限责任公司印刷　新华书店经销
字数180千字　720毫米×1000毫米　1/16　16.25印张
2024年5月第1版　2024年5月第1次印刷
ISBN 978-7-5596-7542-2
定价：68.00元
